創業26年たった1人で始めた会計事務所が

純キャッシュ31億円

を貯めた仕組み

# お金の戦略

東京コンサルティンググループ代表
公認会計士

久野康成

TCG出版

# 「大きい会社」ではなく、「強い会社」を作る

【参考動画】
【第 307 回】稼ぐ－使う＝貯める
久野康成の経営のエッセンス
https://youtu.be/V6vlzuOUK68

■ 比較貸借対照表

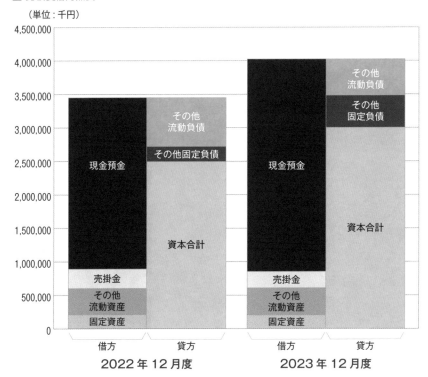

（単位：千円）

これは、2023年12月末時点の当社の貸借対照表と創業から同月までの現預金残高の推移表になります。

1998年7月に起業して25年6カ月時点で、現預金が31億円超になりました。

■ 比較貸借対照表

（単位：千円）

| 項目 | 2022年12月期 | | 2023年12月期 | |
|---|---|---|---|---|
| | 借方 | 貸方 | 借方 | 貸方 |
| 現金預金 | 2,558,275 | | 3,167,992 | |
| 売掛金 | 285,942 | | 245,406 | |
| 有価証券 | - | | - | |
| その他流動資産 | 393,215 | | 401,654 | |
| 固定資産 | 207,996 | | 202,088 | |
| 買掛金 | | - | | - |
| その他流動負債 | | 732,001 | | 541,412 |
| 預り金 | | 60 | | - |
| その他固定負債 | | 218,744 | | 478,159 |
| 長期借入金 | | - | | - |
| 資本合計 | | 2,494,624 | | 2,997,569 |
| 総資産 | 3,445,429 | 3,445,429 | 4,017,140 | 4,017,140 |
| 分析指標 | | | | |
| 現預金比率 | 74.3% | | 78.9% | |
| 当座比率 | 388.5% | | 630.5% | |
| 流動比率 | 442.2% | | 704.6% | |
| 固定比率 | 8.3% | | 6.7% | |
| 固定長期適合率 | 7.7% | | 5.8% | |
| 負債比率 | 38.1% | | 34.0% | |
| 自己資本比率 | 72.4% | | 74.6% | |

　つまり、起業から平均して1年当たり1億円超のお金を貯めたことになります。

　お金が貯まったのは、経営者というより公認会計士として培った「お金の戦略」を実践してきたからです。

　1998年の開業時は1,200万円の元手でスタートしました。

　8年弱のサラリーマン時代に、生活費を極限まで削って貯めたお金です。

　東京・代々木に作った事務所は、9坪半の安い雑居ビルだったのですが、オフィスの敷金やコピー機代、パソコン、オフィス家具など、開業費で約300万円がかかりました。

■ 当社の創業からの現預金推移表

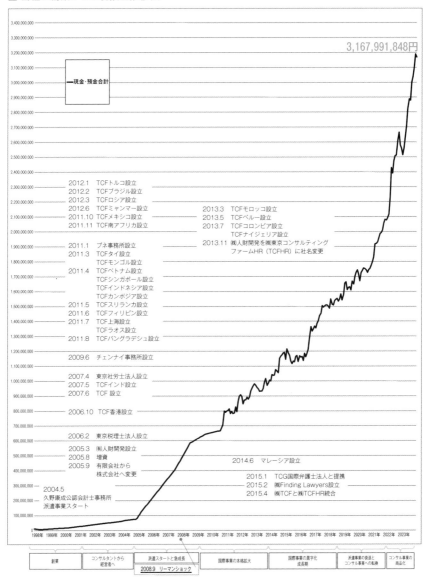

3,167,991,848円

—現金・預金合計

2012.1　TCFトルコ設立
2012.2　TCFブラジル設立
2012.3　TCFロシア設立
2012.6　TCFミャンマー設立
2011.10　TCFメキシコ設立
2011.11　TCF南アフリカ設立

2013.3　TCFモロッコ設立
2013.5　TCFペルー設立
2013.7　TCFコロンビア設立
　　　　TCFナイジェリア設立
2013.11　㈱人財開発を㈱東京コンサルティング
　　　　ファームHR（TCFHR）に社名変更

2011.1　プネ事務所設立
2011.3　TCFタイ設立
　　　　TCFモンゴル設立
2011.4　TCFベトナム設立
　　　　TCFシンガポール設立
　　　　TCFインドネシア設立
　　　　TCFカンボジア設立
2011.5　TCFスリランカ設立
2011.6　TCFフィリピン設立
2011.7　TCF上海設立
　　　　TCFラオス設立
2011.8　TCFバングラデシュ設立

2009.6　チェンナイ事務所設立

2007.4　東京社労士法人設立
2007.5　TCFインド設立
2007.6　TCF 設立

2006.10　TCF香港設立

2006.2　東京税理士法人設立

2005.3　㈲人財開発設立
2005.8　増資
2005.9　有限会社から
　　　　株式会社へ変更

2004.5
久野康成公認会計士事務所
派遣事業スタート

2014.6　マレーシア設立

2015.1　TCG国際弁護士法人と提携
2015.2　㈱Finding Lawyers設立
2015.4　㈱TCFと㈱TCFHR統合

1998年 1999年 2000年 2001年 2002年 2003年 2004年 2005年 2006年 2007年 2008年 2009年 2010年 2011年 2012年 2013年 2014年 2015年 2016年 2017年 2018年 2019年 2020年 2021年 2022年 2023年

| 創業 | コンサルタントから経営者へ | 派遣スタートと急成長 2008.9 リーマンショック | 国際事業の本格拡大 | 国際事業の黒字化成長期 | 派遣事業の衰退とコンサル事業への転換 | コンサル事業の商品化 |

さらに最初の半年間の運転資金で、キャッシュ残高は700万円まで減少しました。もちろん個人事業主なので、会社から給料をもらう発想はありません。ここでも最低限の生活をして耐え忍びました。

　新規顧客獲得もなかなかうまくいきません。サラリーマン時代は、自分の力量ではなく、看板で仕事をしていたことに気づかされました。頭の中には「倒産」の2文字がよぎりました。

　創業から、半年が経ってやっと黒字に転換しました。その後は、一度も赤字に陥ることはなく、現預金残高は順調に増加していきましたが、経営の中身はその時代に合わせて大きく変えてきました。

　私は、元々、青山監査法人（現・PwC Japan有限責任監査法人）で株式公開のコンサルティングを行っていました。

　しかし、多くの顧客は、事業計画を達成することができず、株式公開を途中であきらめることになりました。こうなると、監査法人も監査契約を切られてしまいます。

　これでは、お互いがLose－Loseの状態です。

　私としては、監査法人としても顧客の経営改善をサポートするサービスから始めれば、お互いWin－Winになれると思い上司に提案しましたが、「そこまではできない」と上司に言われ、新たなコンサルティングサービスができる会計事務所を作ろうと思い独立を決意しました。

　1998年、32歳の時、久野康成公認会計士事務所を開業しました。

　しかし、実際に業務を開始してみると、社長から言われたことは、
「たかが数人の会計事務所をやっている人間に、経営が本当に分かるのか？」
「お前の言っていることは、ただの机上の空論だろう！」

　確かに、そう言われるのももっともな話だと思い、事業を始めて3年で自分が経営コンサルをするのをやめました。

自分も経営者になったのだから、コンサルタントではなく「企業家」として自分自身の会社を最初に成長させる決意をしました。自分が企業家として成功できなければ、自分が言うことに正当性がないと思ったのです。

　創業6年目のある日、IT会社の社長との出会いがありました。
　その会社は、21世紀初旬に起きたITバブル崩壊直後の時期であったにもかかわらず、毎年、順調に売上を伸ばしていました。

　その社長に、「なぜ、そんなに急成長できるのか？」とたずねると、

　「普通のIT企業は、経験者しか雇わない。我々は、地頭が良く、会社の経営理念を理解できる未経験者を雇っている」と言われました。

　この言葉に私は衝撃を受けました。

　『我々、会計業界も常に経験者を求めている』

　当時、就職氷河期ということもあり、募集を出せば、大量の応募者があったにもかかわらず、雇える人はほんのわずかでした。経験が乏しいという理由で、不採用にすることがほとんどでした。

　しかし、税理士等の資格を取るため、会社を辞めて会計業界を目指しても、当時、ほとんどの会計事務所は、経験者にこだわって採用していました。
　会計事務所は、大半が零細企業なので、研修する余裕などなく、即戦力を求めていたのです。

　しかし、門戸を狭めれば、『私自身がこの業界の発展を阻害している』ことと同じだと気づきました。
　そこで、IT会社が行っているビジネスモデルをそのまま真似て、会計業界で同じことを行おうと決意しました。

　2004年、まさに「異業種参入」をすることを決めたのです。
　異業種参入とはいえ、本業である会計業務から外れることはしませんでした。

　IT会社が行っていたビジネスモデルは、顧客先に自社の社員を派遣する

というものでした。私は、当社の正社員を顧客先に派遣して、経理業務を行うというビジネスモデルを考えました。

また、IT会社の社長に次のことを言われました。
「登録型派遣をするな！社員は全員、正社員として雇え！でなければ、未経験者に『顧客主義』の経営理念を浸透させることはできず、未経験者を派遣で出すことはできない」
私は、この教えを忠実に守ることにしました。

登録型にすれば、仕事がない時には給与を払わなくてよく、会社にとっては会社に都合が良くなります。
しかし、社員の立場からすれば、登録型は不安定であり、社員は派遣社員になりたいのではなく、あくまで会計業界で正社員として働きたいのです。
社員のことを考えれば、たとえ顧客との契約が派遣であっても、自社には正社員で雇い入れるべきと考えました。

一般的な会計事務所は、顧客の経理業務を請負契約で、事務所内で記帳代行します。
この場合、業務内容やボリュームに応じて売価が決定します。
つまり、売価が固定されるため、作業する人は経験者の方が効率的です。

しかし、これを派遣業務として顧客先で作業することにすれば、派遣する社員のスキルに応じて売価が決定します。売価はスキルに応じて変動するため、経験者にこだわる必要はないのです。この考え方は、当時としては革命的でした。

私は、派遣事業を始めるにあたり、誓ったことがあります。
『景気後退に備えて徹底してキャッシュリッチな会社にする』
具体的には、「純キャッシュ10億円」にすることが、この事業に参入するためのリスクヘッジと考えていました。

この考えは、私の臆病さ故のものです。
景気後退によって「年間3億円の赤字」が出ても耐えられる企業を作る

こと。

　そして、それが「3回連続」で来ても耐えられること。

　これが、「10億円の純キャッシュを持つ」という目標設定をした理由です。

　経営者に必要な能力は、「子鹿の臆病さとライオンの大胆さ」を併せ持つことです。

　臆病さのない経営者は、能天気（楽天家）になり甘い経営計画で会社を潰します。

　大胆さを持たない経営者は、リスクばかり考えてチャンスをつかめず成功を逃すのです。

　この新市場への参入は大きな成功をもたらしました。

　新規事業参入後、4年間で社員数は400名を超え、創業6年、年商6,000万円で頭打ちしていた売上も18億円超になりました。

　2008年リーマンショック後、売上自体は約2年間で35％減少しました。

　しかし、純キャッシュ10億円を貯めるという目標は、実際にリーマンショック後の後退期に達成しました。

　理由は、新事業に参入する前にビジネス・ストラクチャー（売価企画・原価企画）をよく考えて、高収益ビジネスモデルが有効に機能していたらです。

　景気後退期でも実際は一度も赤字に転落することなく、黒字が続いていたのです。

　結果として、創業以来、現在までこの状態は続いています。

　高収益のビジネス・ストラクチャーは、「貸借対照表（BS）・キャッシュフロー計算書（CF）・損益計算書（PL）」の3表を全体的にとらえ、とりわけ、貸借対照表を重視することによって作りました。

　ただ会計専門派遣という新規事業への参入には、同時に大きなリスクがあることにも気づいていました。

　当時、当社の顧客に製造業者を主な顧客とする派遣会社がありました。

## ■ 当社の創業からの年計グラフ

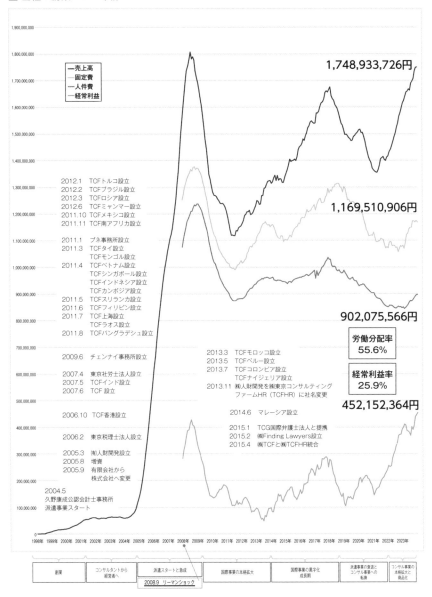

凡例:
- —売上高
- —固定費
- —人件費
- —経常利益

1,748,933,726円

1,169,510,906円

902,075,566円

| 労働分配率 |
| --- |
| 55.6% |

| 経常利益率 |
| --- |
| 25.9% |

452,152,364円

年表（左欄）:
- 2012.1　TCFトルコ設立
- 2012.2　TCFブラジル設立
- 2012.3　TCFロシア設立
- 2012.6　TCFミャンマー設立
- 2011.10　TCFメキシコ設立
- 2011.11　TCF南アフリカ設立
- 2011.1　プネ事務所設立
- 2011.3　TCFタイ設立
- 　　　　TCFモンゴル設立
- 2011.4　TCFベトナム設立
- 　　　　TCFシンガポール設立
- 　　　　TCFインドネシア設立
- 　　　　TCFカンボジア設立
- 2011.5　TCFスリランカ設立
- 2011.6　TCFフィリピン設立
- 2011.7　TCF上海設立
- 　　　　TCFラオス設立
- 2011.8　TCFバングラデシュ設立
- 2009.6　チェンナイ事務所設立
- 2007.4　東京社労士法人設立
- 2007.5　TCFインド設立
- 2007.6　TCF 設立
- 2006.10　TCF香港設立
- 2006.2　東京税理士法人設立
- 2005.3　㈲人財開発設立
- 2005.8　増資
- 2005.9　有限会社から
- 　　　　株式会社へ変更
- 2004.5　久野康成公認会計士事務所
- 　　　　派遣事業スタート

年表（中欄）:
- 2013.3　TCFモロッコ設立
- 2013.5　TCFペルー設立
- 2013.7　TCFコロンビア設立
- 　　　　TCFナイジェリア設立
- 2013.11　㈱人財開発を㈱東京コンサルティング
- 　　　　ファームHR（TCFHR）に社名変更
- 2014.6　マレーシア設立
- 2015.1　TCG国際弁護士法人と提携
- 2015.2　㈱Finding Lawyers設立
- 2015.4　㈱TCFと㈱TCFHR統合

横軸: 1998年 1999年 2000年 2001年 2002年 2003年 2004年 2005年 2006年 2007年 2008年 2009年 2010年 2011年 2012年 2013年 2014年 2015年 2016年 2017年 2018年 2019年 2020年 2021年 2022年 2023年

下部帯:
| 創業 | コンサルタントから経営者へ | 派遣スタートと急成長 | 国際事業の本格拡大 | 国際事業の黒字化成長期 | 派遣事業の衰退とコンサル事業への転換 | コンサル事業の本格拡大と商品化 |

2008.9　リーマンショック

その会社は、常に資金繰りに窮していました。実は、私が参考にしたIT会社も同様の財務的問題を抱えていたのです。

　派遣会社は、事業の成長とともに資金繰り問題が発生するという構造的問題を抱えています。

　一般的に企業は、社員に対し給与は月末に支払います。一方、顧客からの売上代金の回収は、翌月以降になります。回収サイトより支払サイトが短い「サイト負け」が起きるのです。

　また、派遣事業は、一般的には粗利率が約25％程度と低く、事業拡大すれば構造的に「運転資金」が必要となり、借入が増加して、財務状況が悪化します。

　「ビジネスモデル」は、儲かるか否かという損益計算書だけを見てはいけません。

　儲かるか否かだけを考えていては、「強い会社」はできないのです。

　「強い会社」は、貸借対照表で決まります。

　利益が出てもキャッシュフローが悪ければ、借入が増加し、貸借対照表が毀損するのです。

　私は、このビジネスを始める時に「絶対に借入はしない」と誓いました。

　無借金にこだわれば、「倒産リスク」はかなり下がります。

　そのためには収益率が高いビジネスモデルにすべきと考えました。

　「強い会社」にするためには、「儲かる会社」を企画する必要があるのです。

　一般的な経営者は、ビジネスモデルを損益計算書だけで考えます。

　私は会計士ということもあり、損益計算書でビジネスモデルを考えた時、キャッシュフロー計算書と貸借対照表が同時にイメージできるという特技がありました。

　財務3表をセットで考えなければ、「利益は出ていてもお金が貯まらない会社」になる可能性があります。

では、私はどのようにして高収益モデルを確立したかというと……。
　第1に、粗利率を50％になるように価格設定と給与設計を考えました。
派遣業での利益率は低いという常識を覆す価格設定をしたのです。

　「値決めは経営」なのです。
　これで、先に給与を払っても、翌月末に資金回収できれば、利益率が
50％のため、運転資金が利益によってカバーできます。

　基本給与は固定にしながらも、売上の50％を社員の給与に分配すると
いう給与変動モデルを考えました。この利益率であれば、計算上「サイト
負け」をしていてもキャッシュフローには問題は起きません。

　派遣事業は、我々の強みである会計業務のみに絞り込み、営業担当者（税
理士等）が無料の会計コンサルティング、アドバイスを行うことで差別化
し、付加価値に見合う売価に設定しました。

　単なる派遣業の営業担当者ではなく、税理士が営業すれば、無料で会計
コンサルを顧客に提供できるという訳です。

　第2が、給与の締め日の変更です。
　派遣事業を始めた頃、社員の給与支払日は、当月20日締め、25日払い
でした。
　顧客からの回収は翌月末が一般的で、1カ月〜2カ月程度のサイト負け
がありました。
　私は、社員にお願いして、給与の締日を月末締め、翌月10日払いにし
てもらいました。これで、1カ月分のサイト負けが解消され、資金繰りが
一気に改善しました。

　これが資金繰り問題を抱えることなく、急成長できた要因です。

　この資金を使って、2006年から次の新規事業である国際事業を展開し
ました。
　実際、2004年に派遣事業に新規参入し、「成長の真っ只中」にある時、

さらなる新規事業に参入しました。いわゆる二兎を追う「両利きの経営」を始めたのです。

　日本は少子高齢化が進んでいます。

　人を雇い入れなければ成長できない派遣事業が長期に繁栄できないことは、新規参入した時から分かっていました。

　P・F・ドラッカーは、人口動態の重要性を説いていました。日本の人口動態を考えれば、日本人の数に頼るビジネスモデルは、いずれ崩壊することは「既に起きた未来」なのです。

　2006年1月、ニューヨークで成功しているコンビニエンス型会計事務所を視察に行きました。同時に、旧態依然とした会計事務所の業務は、インドにアウトソーシングされ公認会計士の仕事がなくなっている事実にも気が付きました。

　『これは、いずれ日本でも起こりうること』と思い、次の手を打たなければならないことに強烈な危機感を抱きました。

　帰りの飛行機の中で考えたことは、『海外進出』だったのです。

　何の市場調査もすることなく、とりあえず、近場で成長している中国に進出を決意しました。2006年末に香港、2007年初頭に上海に事務所を作りました。

　しかし、実際に上海に行ってみると、既に大阪の会計事務所が400名規模に成長していました。

　これは、『絶対に勝てない』と思い、そこに訪問して「なぜ、そんなに成長したのですか？」と聞きました。

　すると「最初に来たからだ！」と言われました。

　やはり、こういうことは『先駆者にならなければだめだ！』と思い、せっかく作った香港・上海事務所も駐在員の反対を押し切り、わずか3カ月で800万円の赤字とともに撤退。

　『しかし良いことを聞いた。先駆者になれる国に行けばいいんだ！』と

思って、インド人を日本で採用し、すぐにインドに飛び立ちました。

　2007年5月、インドの首都デリーに、日本の独立系会計事務所として初進出を果たし、それを皮切りに国際展開ができるようになりました。
　現在では、国内4拠点、世界26カ国に拠点を持つことになりました。

　実際に、この国際展開は、リーマンショック後に本格化したため、最大年間1億円の赤字をもたらしました。
　しかし、この国際事業の赤字は全て、衰退期に入っていた派遣事業のキャッシュで賄うことができ、連結では黒字を続けることができました。
　現在は、この国際事業がグループ全体の8割超の経常利益を稼ぐまでになりました。


　このような紆余曲折がありながらも、堅調に成長を続けられたのは、会計士としての能力というより、「経営とは何か」を研究し続けた結果です。

　自分が企業家として、会社経営する中で分かったのは、会社が成長する過程で起きる経営問題は、業種を問わず、全て同じということです。

　経営環境は常に変わり、中小企業であってもイノベーションが求められる時代です。
　社長がどんなに優秀であっても、社長1人ではイノベーションを起こせません。
　イノベーションは、アイデアだけではなく、社員の実践が伴うからです。

　私が目指した経営は、
「大きい会社」にするのではなく、「強い会社」にすることです。

　「強い会社」とは、財務体質が健全で、倒産しにくい会社です。
　会社を潰して社員を路頭に迷わせることが、最も経営者としてやってはいけないことです。

　「強い会社」にするためには、利益の確保が重要で、高付加価値型の「儲

かる会社」を企画する必要があります。「大きい会社」になるかは結果に過ぎません。

　最初に「大きい会社」を目指すと、利益より売上重視となり、低収益型企業になる可能性があります。

　「儲かる会社」は、損益計算書で判断できます。
　損益計算書で私が一番重視したのは「経常利益率」です。
　京セラ創業者の稲盛和夫氏は「経常利益10％を目指さなければいけない」と言っていました。
　しかし、どんな業種でも10％にするという意味ではないと思いました。
　京セラは製造業です。製造業であれば10％で良いと思います。

　しかし当社はサービス業で、仕入も外注費もありません。
　製造業の粗利を50％と仮定すると、当社は実質粗利が100％になるので、稲盛和夫氏のコンセプトを使えば、経常利益率は20％を目指さなければいけないことになります。

　そして、私はこれを目標に掲げ、達成できる仕組みを考え、実践しました。
　2023年12月期の経常利益率は26％となっています。

　「財務」は、未来の経営企画と現在の経営判断にも関連します。
　「経理」は、過去処理であり、社員でも税理士でもできます。

　「財務」は、社長の仕事であり、「経理」は、社員の仕事です。
　この2つを混同し、全て他人に任せてしまえば、「強い会社」はできません。

　財務は、経営そのものであり、社長が数字に強くならなければいけない理由はここにあります。

　本書では、私が立案、実践してきた「お金の戦略」を余すことなく書いています。

・第一章では、ビジネスとお金がどのようにリンクしているか「お金を貯める」ということについて考えます。これが貸借対照表を理解することにつながります。

・第二章では、ビジネスの基本を「投資と回収」と考え、お金がいかに流れているかを把握します。これが、キャッシュフロー計算書を理解することにつながります。

・第三章では、「強い会社」を作るためには、「儲かる会社」にするための企画を考えます。これが、損益計算書を理解することにつながります。

・第四章では、「強い会社」、「儲かる会社」をつくるためのビジネスの流れの全体像を体系的に把握します。私が考えたビジネスコンセプトである「価値循環モデル」を用いて経営と財務をリンクさせ、経営の観点から財務を理解します。

・第五章では、「強い会社」、「儲かる会社」を作るための計画を考えます。これが中期事業計画と予算であり、「未来会計」になります。
一般的な予算は、過去の趨勢を見て作られることが多くありますが、本来は未来にリンクさせなければいけません。そのために、事業計画とリンクさせた予算である2カ年予算「久野式8マス利益計画書」を考えました。

・第六章では、私が実際に「お金の戦略」をどのように実践してきたかを記載します。
どんなに良い計画も、実践されなければ「絵に描いた餅」です。社員が実践できる「仕組み」を作りました。

・第七章では、査定ではなく教育システムとしての評価制度についての話をしています。社員の成長なくして組織の成長はありえません。また、「仕組み」としての組織を作ることで、結果として社員が育つ好循環モデルにすることが重要と考えています。
この本があなたの会社で「お金の戦略」を立て、実践し、「強い会社」にするための一助になれば幸いです。

プロローグ
「大きい会社」ではなく、「強い会社」を作る ……………… 2


# 第一部　お金の戦略 理論編

## 第一章　貸借対照表（BS）が強い会社を作る

01. 「強い会社」、「大きい会社」、「儲かる会社」どれを目指すべきか？ ……… 24
02. お金の流れでビジネスを理解する ……………………………… 25
03. 「強い会社」か「弱い会社」かは、BS に表れる ………………… 28
04. 「強い会社」の BS はどうなっているのか？　－ 業界分析 － ……… 30
05. 自社は「強い会社」なのか？ ……………………………………… 42
　　　［コラム］良い節税と悪い節税 ………………………………… 43
06. お金を貯めることのメリット・デメリット ……………………… 45
07. どうやってお金を増やしていくか？ ……………………………… 46
08. 創業時からどれだけお金を貯めてきたか？ ……………………… 48
09. 目指すべき「強い会社」 …………………………………………… 49
　　　［コラム］節税するから会社が成長しない　－ 節税のトラップ － ……… 50

## 第二章　投資と回収でキャッシュフローを考える

01. ビジネスは投資から始まる！ ………………………………………………… 54
02. ビジネスとお金　－投資と回収－ …………………………………………… 56
03. 利益とキャッシュは違う！ …………………………………………………… 58
04. キャッシュフロー計算書は BS から作られる ………………………………… 59
05. 有名企業のキャッシュフロー計算書を見てみよう ………………………… 61
06. キャッシュフローを改善してお金を生み出す方法 ………………………… 70

## 第三章　PL の企画：P（価格戦略）× Q（販売戦略）

01. 利益が「強い会社」をつくる源泉 …………………………………………… 73
02. 「大きい会社」を目指すと「儲かる会社」にならない！ ………………… 75
　　　［コラム］社歴の長い企業は、知らない間に衰退産業になっている ……… 76
03. 売上＝単価×数量　－単価が利益率を決める！－ ………………………… 77
04. 「儲かる会社」を作るためには PL 分析から始めよ！ …………………… 80
05. 会社の命運を分ける「損益分岐点」とは？ ………………………………… 81
06. どこから着手すれば効率的に利益が増えるのか？ ………………………… 83
07. 有名企業の PL を分析してみよう …………………………………………… 88
08. 「強い会社」をつくる BS・CF・PL　3 つの重要な要素 ………………… 98

# 第二部　お金の戦略　実践編

## 第四章　経営問題の全ては、数字に表れる

01. 数字は結果に過ぎない　－与えたものが得たもの－ ……………………………… 100
　　[コラム] 君の信条は何か？ ……………………………………………………… 102
02. 価値循環モデル ………………………………………………………………… 106
　　[コラム] 哲学を持つ意味 ……………………………………………………… 107
　　[コラム]「楽」をしたいのか、「楽しく」生きたいのか？ ……………………… 108
03. 有能な個人集団は、必ずしも有能な組織ではない ……………………… 109
04. アダム・スミスのピン工場 ………………………………………………… 110
05. 有能な組織とは何か？ …………………………………………………………… 112
06. 分業は「やりたいこと」ができない　－人間の機械化－ …………………… 113
07. 組織には「共通の目的」となる経営理念が必要 ……………………………… 114
　　[コラム] 球拾い ………………………………………………………………… 115
　　[コラム] 会社を大きくしたくない経営者 …………………………………… 117
08. 社員の「働く理由」と経営理念　－3人の石切職人－ ………………………… 118
09. 社員のためには「ビジョン」が必要 …………………………………………… 120
10. 生産性の増大が競争を生み「差別化戦略」が必要となった …………………… 122
11. 多能工の真の仕事は、組織のプロセスを見直すこと ……………………… 122
12. 経営者の真の仕事は何か？　－「強い会社」にするための4つの役割－ …… 124

# 第五章　強い会社は、中期事業計画から作る

01.　事業計画作成の第一歩は「課題化」から始める ……………………… 128

02.　課題化に成功する会社・失敗する会社 ………………………………… 129

　　　［コラム］現実を理想に近づける会社、理想が現実に引っ張られる会社 ……… 130

03.　予算は「成長期」に作られ、中期事業計画は「成熟期」以降に作られる

　　　……………………………………………………………………………… 131

04.　達成される事業計画の３つの要件 ……………………………………… 133

05.　予算策定のトラップ ……………………………………………………… 136

06.　理想を描くことはリーダーシップの問題 ……………………………… 140

07.　会社は今、どの状態にあるのか？　－事業ライフサイクル－ ……… 141

08.　４つの時代と２つのイノベーション　－起業家クワドラント－ …… 143

　　　［コラム］大野耐一氏に学ぶ標準化の本質 …………………………………… 147

09.　二兎を追う経営　－「両利きの経営」の重要性 － …………………… 150

　　　［コラム］両利きの経営　－ 私のケース － ………………………………… 152

10.　キャッシュフローとPPM（プロダクト・ポートフォリオ・マネジメント）

　　　……………………………………………………………………………… 153

11.　イノベーションはミドルマネジメントがカギを握る！ ……………… 157

12.　戦略の３つのコンセプト ………………………………………………… 160

　　　［コラム］地域密着型をベンチャー型と組み合わせて差別化した ………… 161

13.　失敗が許される文化とは？ ……………………………………………… 162

　　　［コラム］事業計画書は部下が作って発表会をする ………………………… 164

14.　事業計画の作り方 ………………………………………………………… 165

15.　久野式８マス利益計画書　－２カ年予算 － ………………………… 168

16.　計画を実行に移すための成果の方程式　－ 戦略は仮説に過ぎない － ……… 171

# 第六章　経営は「実践」が全て

01.　戦略は、仮説に過ぎない　- 実行されない戦略は絵に描いた餅 - ……………　174

02.　成功の大半は、組織ではなく戦略の問題 ………………………………………　176

03.　組織とは、戦略を実行するための仕組み ……………………………………　177

04.　頭では分かっているのに実行できない …………………………………………　180

　　　［コラム］ダニエル・キム氏の組織の成功循環モデル ………………………　181

05.　社員の自主性・主体性を重視し、仕組み化が先送りされる

　　　- 社長のトラップ - ……………………………………………………………　182

06.　PDCA は、「A」でストップする　- 社員のトラップ - ……………………………　183

　　　［コラム］雨が降っても自分のせい ……………………………………………　185

　　　［コラム］全ては自分の問題　自ら責任範囲を広げよ！ ……………………　186

07.　標準化のトラップ ……………………………………………………………………　187

　　　［コラム］私の会社には、標準化できる業務はない ………………………　188

　　　［コラム］なぜ、社員は標準化に反発するのか？ ……………………………　192

08.　個人ではなく、チームで解決する …………………………………………………　193

　　　［コラム］改革はクロスファンクショナルチームで行う …………………………　194

09.　財務と行動をリンクさせる ROA 経営 ……………………………………………　195

10.　ボトルネックを抽出する ……………………………………………………………　199

11.　ボトムアップ経営は、仕組み化されたマネジメント …………………………　200

12.　2 つのイノベーション　- 金をかけるな、社運をかけろ - ………………………　201

　　　［コラム］ロケットスタートでマルチタスクをこなせ！ ……………………………　202

13.　2 つの会議による実践の仕組み化　- 戦略会議 - ………………………………　205

14.　2 つの会議による実践の仕組み化　- 進捗会議 - ………………………………　207

# 第七章　教育システムとしての久野式評価制度

01.　教育システムとしての評価制度　 – 久野式評価制度 – ……………………… 212

　　　［コラム］P・F・ドラッカーが目指した MBO ………………………………… 210

02.　財務と評価制度を結びつける ………………………………………………… 214

03.　財務と評価をリンクさせる総額賃金管理 …………………………………… 217

04.　評価を通じた教育システム …………………………………………………… 221

05.　3 つのフィードバック　 – 昇進・昇給・賞与 – ……………………………… 222

06.　経営理念の実践を仕組み化する ……………………………………………… 224

07.　久野式評価制度と利益を出すための PDCA サイクル ……………………… 228

08.　社員自身が昇給の正当性を証明する ………………………………………… 229

09.　「人」を育てるのではなく「人が育つ仕組み」を育てよ ………………… 230

　　　［コラム］「何をしたか」ではなく「何をしていないか」 …………………… 232

10.　全てを統合するインテグラル理論 …………………………………………… 233

　　　［コラム］成功さえも"試練"である ………………………………………… 237

## エピローグ
## お金を貯めることは、正当化されるのか？ …………………………………… 239

第一部

# お金の戦略
# 理論編

【参考動画】
【第308回】お金の戦略—理論編
久野康成の経営のエッセンス
https://youtu.be/Y93Dw8exnMQ

# 第一章

## 貸借対照表（BS）が
## 強い会社を作る

# 01.

## 「強い会社」、「大きい会社」、「儲かる会社」
## どれを目指すべきか？

「良い会社」にしたいというのは、全ての社長が思うことですが、「良い会社」とは、どんな会社でしょうか？　「良い会社」を作るためには、具体的に何をすれば良いのでしょうか？

社長の重要な役割は、会社の理念を設定し、ビジョンを掲げ、会社が向かう方向を社員へ示していくことです。

その上で、「財務」という切り口で「良い会社」を定義すると、3つの選択肢があります。

　　① 「強い会社」
　　② 「大きい会社」
　　③ 「儲かる会社」

この3つの中から、どれを選ぶのか？

私は、この中から「強い会社」を作ることを目標設定して経営してきました。

私が定義する「強い会社」とは、「簡単に潰れない会社」を意味してい

ます。

　社員を雇っている以上、経営者の社員に対する責任は、会社を絶対に潰さないこと、路頭に迷わせないことと考えました。

　たとえ、「大きい会社」であっても、財務状態が脆弱であれば、潰れるリスクは高いといえます。

　船で例えると、大きな船はコントロールが難しく、小回りが利きません。

　会社が大きくなれば、経営のかじ取りは難しくなり、経営者としての能力が試されます。

「強い会社」になる前に「大きい会社」を目指すことは、危険です。

　では、どうやって自社が「強い会社」なのかを判断すれば良いのでしょうか?

　「強い」「弱い」を判断するために、初めに決算書の中で、貸借対照表（BS）を理解することが必要になります。

　しかし、ただBSを見ても、おそらく簿記の知識がない方には分かりづらいと思います。

　そのため、ビジネスとBSの関係性から見ていきます。

# 02.

## お金の流れでビジネスを理解する

　ビジネスにおけるお金の流れを時系列で考えます。

　ビジネスを始めるにあたっては、経営資源（ヒト・モノ・カネ・情報など）が必要です。その中でも「カネ」は重要な経営資源です。お金なくしてビジネスは、始められません。

　お金を集めることを「資金調達」といいます。
　資金調達には、2つ方法があります。

　①自己資本として「株主」から集める方法、これが「資本金」になり

ます。

②他人資本として「銀行」から集める方法、これが「負債」になります。

　貸借対照表の右側（貸方）は、誰からお金を調達したのかを意味します。

　お金を借りたのに貸方と呼ぶのは、自分にお金を貸した人の明細を作れば、お金を「貸してくれた人」の一覧表になるので、「貸方」といいます。

■ 図1-1　貸借対照表　資金調達

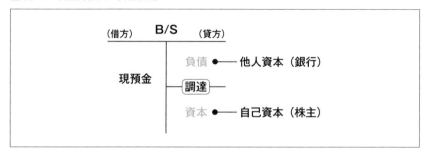

　貸借対照表の左側（借方）には、調達したお金（現預金）が入ります。

　現金だけ持っていても、商売はできません。調達した現金の一部を使い、商売に必要なオフィスの敷金や設備の購入に充てます。現預金の中から、一定の金額を「投資」に回すのです。

■ 図1-2　貸借対照表　投資

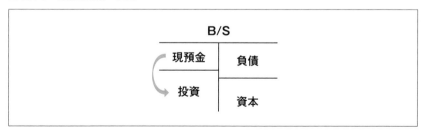

　企業は、お金を「投資」し、製品を作り、顧客に販売し、最後にお金を「回収」します。

　「回収」したお金は、「利益」として、再び貸借対照表の貸方の「資本」の蓄積（内部留保）となり、再び「投資」の原資にしていくこととなります。

■ 図1-3　ビジネスのフロー

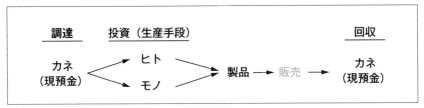

　この「投資」と「回収」の流れをもう少し詳しく見ていきましょう。
　上図で「投資」と「回収」の間にある「販売」は、損益計算書で「売上」として計上されます。
　ビジネスは、現金商売と信用商売に分かれ、信用売り（掛け売り）の場合は、後から現金が「回収」されます。

　売った人を忘れては困るので、誰に売ったのか記録する明細を作ります。
　これが、顧客元帳（大福帳）と呼ばれ、「信楽焼の狸」が手に持っているものです。
　売り手からすれば、お金を借りている人の一覧表になるので「借方」と呼びます。
　会計上は、売掛金として「資産」に計上します。

　このように、ビジネスを通じて回収したお金をさらにまた投資し、そして販売、回収という形で「拡大再生産」を行っていきます。

# 03.

## 「強い会社」か「弱い会社」かは、BS に表れる

自社が「強い会社」かどうかを簡単に見る方法があります。

以下のBSを例に、見ていきます。

ポイントは、細かい分析から入るのではなく、大きくBSを見ることから始めます。

■ 図1-4　3本の線で「強い会社」かが分かる①

### 貸 借 対 照 表

●●株式会社

令和5年12月31日　現在

(単位：円)

| 資　産　の　部 | | 負　債　の　部 | |
|---|---:|---|---:|
| 【流動資産】 | 101,724,595 | 【流動負債】 | 54,784,176 |
| 現金及び預金 | 56,003,432 | 買掛金 | 32,074,538 |
| 売掛金 | 23,679,113 | 未払金 | 4,556,234 |
| 棚卸資産 | 15,634,210 | 未払費用 | 913,000 |
| 有価証券 | 5,500,000 | 前受金 | 5,400,304 |
| 前払費用 | 540,800 | 賞与引当金 | 8,600,000 |
| 未収入金 | 367,040 | 未払税金 | 3,240,100 |
| 【固定資産】 | 234,211,290 | 【固定負債】 | 205,760,000 |
| 【有形固定資産】 | 215,981,290 | 退職給付引当金 | 25,600,000 |
| 建物 | 56,350,000 | 長期借入金 | 180,160,000 |
| 建物付属設備 | 12,340,000 | 負 債 の 部 合 計 | 260,544,176 |
| 機械装置 | 22,809,070 | 純　資　産　の　部 | |
| 工具器具備品 | 4,322,220 | 【株主資本】 | 75,391,709 |
| 土地 | 120,160,000 | 資本金 | 10,000,000 |
| 【投資その他の資産】 | 18,230,000 | 利益剰余金 | 65,391,709 |
| 投資有価証券 | 15,000,000 | その他利益剰余金 | 65,391,709 |
| 差入保証金 | 2,000,000 | 繰越利益剰余金 | 65,391,709 |
| 長期前払費用 | 1,230,000 | 純 資 産 の 部 合 計 | 75,391,709 |
| 資 産 の 部 合 計 | 335,935,885 | 負債及び純資産合計 | 335,935,885 |

①　②　③

　お金　　投資　　調達　　資本

以下の手順で、BSに線を引いてみてください。

　①BSの真ん中（借方と貸方の間）に線を引く
　②負債の部と純資産の部の間に線を引く
　③流動資産の下に線を引く

これで、BSが4つの区分に分かれました。

②で線を引いた上にある「負債」とは、将来、返さなければいけないお金で、他人資本による「資金調達」となります。

③で引いた線の上にある「流動資産」とは、現預金のほか、売掛金、棚卸資産など、1年以内に回収され、お金に換わる資産のことを指します。ここが広い意味で「お金」に相当する部分です。

ここから分かるのは、
　①資産全体（左側半分）に占める「お金」の割合が大きいと良いといえます。
　②右側半分の上側の借入など、自己資本以外から調達した部分を他人資本といい、この割合が大きい場合は、いずれ返済する必要があり、返済した時にお金がなくなるため、他人資本は、自己資本よりリスクが高く、少ない方が安全です。
　③右側半分の下側の資本（自己資本）は、返済の必要はないので、割合が大きいほど良いといえます。

■ 図1-5　3本の線で「強い会社」かが分かる②

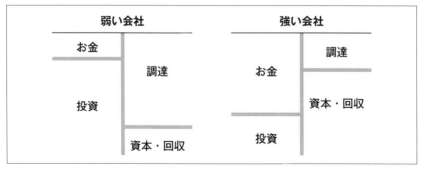

「強い会社」にしていくためには、まずはこの図でいう左上の「お金」の割合や額を大きくしていくことが必要になります。

　ここだけを見ても会社の財務が強いか弱いかを判断できます。

　投資については、設備のように会社に残る資産もあれば、保険積立金などの換金できる資産もあります。

　他人資本による調達も、短期借入、長期借入もあれば、仕入先に来月支払わなければいけない短期債務もあり、その内容は多岐にわたります。

　これらを踏まえて、BSを詳細に見ていきましょう。

# 04.

## 「強い会社」のBSはどうなっているのか？
## － 業界分析 －

　皆さんもご存じの有名企業のBSは一体どのような内容になっているのでしょうか。

　ここでは、いくつかの例を見ていきたいと思います。

（1）トヨタ自動車と日産自動車のBS比較（製造業）

　図1-6は、トヨタ自動車の2023年3月期の貸借対照表になります。

　財務や簿記の知識のない人からすれば、ただ数字の羅列に見えるかもしれません。

　これを有益な情報に変えるためには、財務知識がない人でも見られるような状態に変える必要があります。

　BSの数字だけ見ても分かりにくいので、グラフ化してみます。

■ 図1-6-1　BS（2023年3月期）①〈トヨタ自動車株式会社〉

（単位：百万円）

| | 前連結会計年度<br>（2022年3月31日） | 当連結会計年度<br>（2023年3月31日） |
|---|---|---|
| 資産 | | |
| 流動資産 | | |
| 現金及び現金同等物 | 6,113,655 | 7,516,966 |
| 営業債権及びその他の債権 | 3,142,832 | 3,586,130 |
| 金融事業に係る債権 | 7,181,327 | 8,279,806 |
| その他の金融資産 | 2,507,248 | 1,715,675 |
| 棚卸資産 | 3,821,356 | 4,255,614 |
| 未収法人所得税 | 163,925 | 218,704 |
| その他の流動資産 | 791,947 | 886,885 |
| 流動資産合計 | 23,722,290 | 26,459,781 |
| 非流動資産 | | |
| 持分法で会計処理されている投資 | 4,837,895 | 5,227,345 |
| 金融事業に係る債権 | 14,583,130 | 16,491,045 |
| その他の金融資産 | 9,517,267 | 10,556,431 |
| 有形固定資産 | | |
| 土地 | 1,361,791 | 1,426,370 |
| 建物 | 5,284,620 | 5,464,811 |
| 機械装置 | 13,982,362 | 14,796,619 |
| 賃貸用車両及び器具 | 6,781,229 | 6,774,427 |
| 建設仮勘定 | 565,528 | 846,866 |
| 小計 | 27,975,530 | 29,309,093 |
| 減価償却累計額及び減損損失累計額〈控除〉 | △ 15,648,890 | △ 16,675,119 |
| 有形固定資産合計 | 12,326,640 | 12,633,974 |
| 使用権資産 | 448,412 | 491,368 |
| 無形資産 | 1,191,966 | 1,249,122 |
| 繰延税金資産 | 342,202 | 387,427 |
| その他の非流動資産 | 718,968 | 806,687 |
| 非流動資産合計 | 43,966,482 | 47,843,399 |
| 資産合計 | 67,688,771 | 74,303,180 |

出所：トヨタ自動車株式会社ホームページ

（単位：百万円）

| | 前連結会計年度<br>（2022年3月31日） | 当連結会計年度<br>（2023年3月31日） |
|---|---|---|
| **負債** | | |
| 　流動負債 | | |
| 　　営業債務及びその他の債務 | 4,292,092 | 4,986,309 |
| 　　有利子負債 | 11,187,839 | 12,305,639 |
| 　　未払費用 | 1,520,446 | 1,552,345 |
| 　　その他の金融負債 | 1,046,050 | 1,392,397 |
| 　　未払法人所得税 | 826,815 | 404,606 |
| 　　品質保証に係る負債 | 1,555,711 | 1,686,357 |
| 　　その他の流動負債 | 1,413,208 | 1,632,063 |
| 　流動負債合計 | 21,842,161 | 23,959,715 |
| 　非流動負債 | | |
| 　　有利子負債 | 15,308,519 | 17,074,634 |
| 　　その他の金融負債 | 461,583 | 533,710 |
| 　　退職給付に係る負債 | 1,022,749 | 1,065,508 |
| 　　繰延税金負債 | 1,354,794 | 1,802,346 |
| 　　その他の非流動負債 | 544,145 | 603,052 |
| 　非流動負債合計 | 18,691,790 | 21,079,251 |
| 　負債合計 | 40,533,951 | 45,038,967 |
| **資本** | | |
| 　資本金 | 397,050 | 397,050 |
| 　資本剰余金 | 498,575 | 498,728 |
| 　利益剰余金 | 26,453,126 | 28,343,296 |
| 　その他の資本の構成要素 | 2,203,254 | 2,836,195 |
| 　自己株式 | △ 3,306,037 | △ 3,736,562 |
| 　親会社の所有者に帰属する持分合計 | 26,245,969 | 28,338,706 |
| 　非支配持分 | 908,851 | 925,507 |
| 　資本合計 | 27,154,820 | 29,264,213 |
| 負債及び資本合計 | 67,688,771 | 74,303,180 |

出所：トヨタ自動車株式会社ホームページ

■ 図1-7-1　比較賃借対照図表①〈トヨタ自動車株式会社〉

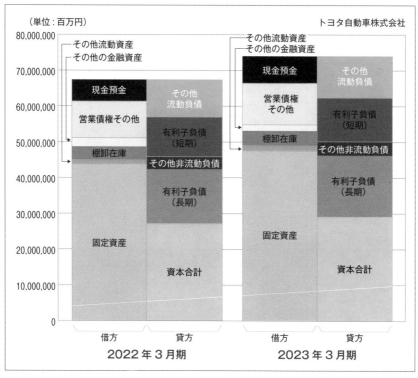

出所：トヨタ自動車株式会社ホームページ

　では、同様にトヨタ自動車と日産自動車の直近の決算数値を比較します。

　2社を比較すると、明らかにBSの高さが違うことが分かります。

　総資産規模で比べると、トヨタ自動車は74兆円、日産自動車は17.6兆円と約4倍以上の差があります。

　しかし、BSはただ大きければ良いという訳ではなく、BSを量的な視点だけではなく、質的な視点でも見ます。

①流動比率
短期的な財務の安全性を示す指標として「流動比率」があります。
これは、BSの流動資産と流動負債の比率を表したものであり、短期的な

（単位：百万円）

| 項目 | 2022 年 3 月期 | | 2023 年 3 月期 | |
|---|---|---|---|---|
| | 借方 | 貸方 | 借方 | 貸方 |
| 現金預金 | 6,113,655 | | 7,516,966 | |
| 営業債権その他 | 10,324,159 | | 11,865,936 | |
| その他の金融資産 | 2,507,248 | | 1,715,675 | |
| 棚卸在庫 | 3,821,356 | | 4,255,614 | |
| その他流動資産 | 955,872 | | 1,105,590 | |
| 固定資産 | 43,966,482 | | 47,843,399 | |
| その他流動負債 | | 10,654,322 | | 11,654,076 |
| 有利子負債（短期） | | 11,187,839 | | 12,305,639 |
| その他非流動負債 | | 3,383,271 | | 4,004,617 |
| 有利子負債（長期） | | 15,308,519 | | 17,074,634 |
| 資本合計 | | 27,154,820 | | 29,264,214 |
| 総資産 | 67,688,771 | 67,688,771 | 74,303,180 | 74,303,180 |
| 分析指標 | | | | |
| 現預金比率 | 9.0% | | 10.1% | |
| 当座比率 | 86.7% | | 88.1% | |
| 流動比率 | 108.6% | | 110.4% | |
| 固定比率 | 161.9% | | 163.5% | |
| 固定長期適合率 | 95.9% | | 95.0% | |
| 負債比率 | 149.3% | | 153.9% | |
| 自己資本比率 | 40.1% | | 39.4% | |

出所：トヨタ自動車株式会社ホームページ
（注）自己資本比率は、資産合計を使い計算しています。

安全性を見る指標になります。この流動比率は200％以上あることが望ましいとされています。

　流動資産は、1年以内に現金に変わる資産です。
　流動負債は、1年以内に支払わなければいけない負債です。

　流動比率が200％ということは、1年以内に支払わなければいけない金額の2倍のお金が1年以内に入ってくることを意味します。これだけあれば財務的に安全といえるという意味です。

　つまり、流動比率が高い会社ほど、当座の資金について余裕があると判断されます。

■ 図1-8-1　比較賃借対照表図　2023年3月期①〈トヨタ自動車株式会社、日産自動車株式会社〉

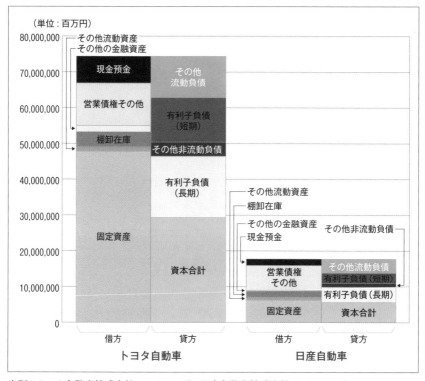

出所：トヨタ自動車株式会社ホームページ、日産自動車株式会社ホームページ

　逆に流動比率が低くなると、財務安全性が損なわれ、余裕のない危険な会社だと判断されます。

　トヨタ自動車の流動比率は110.4%で、日産自動車は167.9%とトヨタより大きくなっています。流動比率でみれば、トヨタより日産の方が良いと判断されます。

②固定比率

長期的な財務安全性を見る指標として「固定比率」があります。

　これは、純資産（自己資本）に対する固定資産の割合をいい、固定資産がどの程度自己資本でまかなわれているかを見る指標です。

（単位：百万円）

| 項目 | トヨタ自動車 | | 日産自動車 | |
|---|---|---|---|---|
| | 借方 | 貸方 | 借方 | 貸方 |
| 現金預金 | 7,516,966 | | 1,798,475 | |
| 営業債権その他 | 11,865,936 | | 6,920,019 | |
| その他の金融資産 | 1,715,675 | | 215,912 | |
| 棚卸在庫 | 4,255,614 | | 1,703,176 | |
| その他流動資産 | 1,105,590 | | 730,629 | |
| 固定資産 | 47,843,399 | | 6,230,370 | |
| その他流動負債 | | 11,654,076 | | 3,887,664 |
| 有利子負債(短期) | | 12,305,639 | | 2,881,662 |
| その他非流動負債 | | 4,004,617 | | 1,056,714 |
| 有利子負債(長期) | | 17,074,634 | | 4,157,401 |
| 資本合計 | | 29,264,214 | | 5,615,140 |
| 総資産 | 74,303,180 | 74,303,180 | 17,598,581 | 17,598,581 |
| 分析指標 | | | | |
| 現預金比率 | 10.1% | | 10.2% | |
| 当座比率 | 88.1% | | 132.0% | |
| 流動比率 | 110.4% | | 167.9% | |
| 固定比率 | 163.5% | | 111.0% | |
| 固定長期適合率 | 95.0% | | 57.5% | |
| 負債比率 | 153.9% | | 213.4% | |
| 自己資本比率 | 39.4% | | 31.9% | |

出所：トヨタ自動車株式会社ホームページ、日産自動車株式会社ホームページ

　長期的に使用する固定資産は、お金に換金される前提がありません。

　従って、固定資産に係る資金は、固定化され、他では使えないため「資金が寝る」状態になります。

　換金されない資産を購入するための調達は、返済する必要のない自己資本によって調達することが望ましいといえます。

　従って、固定比率が低いほど財務安全性が高くなります。

　一般的に、固定比率が100％以下であれば、経営は安全な水準にあると考えられます。

　トヨタ自動車では163.5％となっています。日産自動車は固定比率につ

いては111.0%で、日産の方が固定比率は良いと判断されます。

③自己資本比率

　トヨタ自動車の自己資本比率は39.4%で、日産自動車の自己資本比率は31.9%となっています。

　自己資本比率は、トヨタの方が7.5ポイント日産より上回っており、トヨタの財務健全性を示しています。

　自己資本比率は、総資本（自己資本＋他人資本）に占める自己資本の割合であり、返済の義務のない自己資本比率が高いほど財務健全性は高くなります。

　一般には、30%超を目指すことが良いとされており、日産の自己資本比率も決して悪い訳ではありません。

　以上から判断すると、両社とも財務バランスに極端に差がある訳ではありません。

　しかし、総資産総額に約4倍の差があるため、仮に財務比率が同様であっても、調達、運用に大きな差が出ることがあります。

　通常、規模が大きくなるほど、「規模の経済」が働くため、生産コストが安くなっていく傾向にあります。結果として、稼ぎ出す力に差が出ます。これが利益率や利益額に影響を与えます。

　BSは、バランスが良いだけではダメで、売上と同じようにBSの規模を成長させる発想を持つことが大切です。また、このBSの成長は借入で一気に大きくするというより、バランス（財務比率）を崩さないようにすることも重要です。

（2）セブン＆アイ・ホールディングスとローソン（小売業）

　コンビニチェーンの大手、セブン＆アイ・ホールディングス（セブン＆アイ）とローソンのBSをグラフに変えて分析します。

　2社の総資産額をみると、セブン＆アイは10.5兆円で、ローソンは2.2兆円であり、資産規模では約5倍の差があります。以下、BSを質的な観

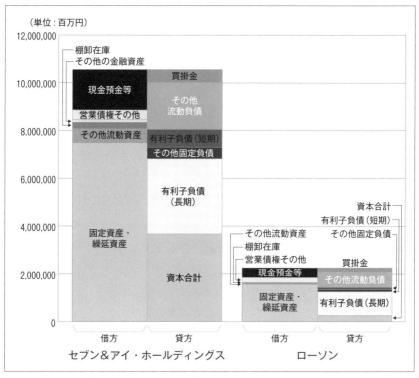

■ 図1-9-1　比較賃借対照表図　2023年2月期①〈株式会社セブン＆アイ・ホールディングス、株式会社ローソン〉

出所：株式会社セブン＆アイ・ホールディングスホームページ、株式会社ローソンホームページ

点で見ていきます。

①流動比率

　セブン＆アイでは93.7％となっており、ローソンでは流動比率が75.1％
となっています。セブン＆アイに比べてローソンは、低くなっています。

　これは、ローソンの流動負債の割合が総資本に対して40％と大きいこ
とが原因です。

②固定比率

　セブン＆アイはコンビニだけではなくイトーヨーカドーなどの店舗等
にかかる固定資産も多くあります。総資産のうちに占める固定資産の割合
は約71.1％と高く、固定比率は205.3％となっています。

■ 図1-9-2　比較貸借対照表図　2023年2月期②〈株式会社セブン＆アイ・ホールディングス、株式会社ローソン〉

（単位：百万円）

| 項目 | セブン＆アイ・ホールディングス | | ローソン | |
|---|---|---|---|---|
| | 借方 | 貸方 | 借方 | 貸方 |
| 現金預金等 | 1,693,872 | | 399,523 | |
| 営業債権その他 | 412,279 | | 237,358 | |
| その他の金融資産 | 93,490 | | 3,595 | |
| 棚卸在庫 | 282,379 | | 28,689 | |
| その他流動資産 | 578,633 | | 10,674 | |
| 固定資産・繰延資産 | 7,490,301 | | 1,562,582 | |
| 買掛金 | | 536,172 | | 168,350 |
| その他流動負債 | | 1,962,449 | | 644,052 |
| 有利子負債（短期） | | 766,468 | | 92,877 |
| その他固定負債 | | 471,993 | | 79,696 |
| 有利子負債（長期） | | 3,165,711 | | 1,003,588 |
| 資本合計 | | 3,648,161 | | 253,858 |
| 総資産 | 10,550,954 | 10,550,954 | 2,242,421 | 2,242,421 |
| 分析指標 | | | | |
| 現預金比率 | 16.1% | | 17.8% | |
| 当座比率 | 67.4% | | 70.7% | |
| 流動比率 | 93.7% | | 75.1% | |
| 固定比率 | 205.3% | | 615.5% | |
| 固定長期適合率 | 102.8% | | 116.9% | |
| 負債比率 | 189.2% | | 783.3% | |
| 自己資本比率 | 34.6% | | 11.3% | |

出所：株式会社セブン＆アイ・ホールディングスホームページ、株式会社ローソンホームページ

　ローソンも同様に固定資産が多く総資産のうちに占める固定資産の割合は約69.7％とほぼ同じ割合ですが、一方で負債の比率が高く、結果として固定比率は615.5％と非常に大きくなっています。

③自己資本比率

　2023年2月期のセブン＆アイの自己資本比率は34.6％で、ローソンの自己資本比率は11.3％と、財務安全性には大きな開きがあります。

　セブン＆アイは、過去の利益の蓄積が高く、一方、ローソンは金融その他事業の負債比率が大きいことも要因といえます。

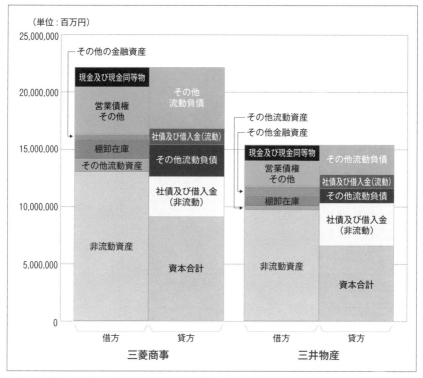

（単位：百万円）

出所：三菱商事株式会社ホームページ、三井物産株式会社ホームページ

　以上から、セブン＆アイは財務バランスは若干、固定比率が高いという点を除けば良好といえます。

　ローソンは、金融事業によるキャッシュがあるとはいえ、負債の比率が大きく、セブン＆アイと比較すると財務安全性には懸念があると言わざるを得ません。

（3）三菱商事と三井物産（商社）

①流動比率

　三菱商事の流動比率は136.1％となっており、三井物産は150.7％です。三菱商事に比べて三井物産の方が高くなっています。

■ 図1-10-2　比較賃借対照表図　2023年3月期②〈三菱商事株式会社、三井物産株式会社〉

（単位：百万円）

| 項目 | 三菱商事 | | 三井物産 | |
|---|---|---|---|---|
| | 借方 | 貸方 | 借方 | 貸方 |
| 現金及び現金同等物 | 1,694,417 | | 1,390,130 | |
| 営業債権その他 | 4,127,275 | | 2,191,181 | |
| その他の金融資産 | 392,644 | | 772,984 | |
| 棚卸在庫 | 1,771,382 | | 940,543 | |
| その他流動資産 | 1,123,585 | | 379,995 | |
| 非流動資産 | 13,043,579 | | 9,706,083 | |
| その他流動負債 | | 5,298,789 | | 2,523,405 |
| 社債及び借入金（流動） | | 1,395,890 | | 1,243,232 |
| その他非流動負債 | | 2,839,795 | | 1,251,803 |
| 社債及び借入金（非流動） | | 3,493,991 | | 3,797,328 |
| 資本合計 | | 9,124,417 | | 6,565,148 |
| 総資産 | 22,152,882 | 22,152,882 | 15,380,916 | 15,380,916 |
| 分析指標 | | | | |
| 現預金比率 | 7.6% | | 9.0% | |
| 当座比率 | 92.8% | | 115.6% | |
| 流動比率 | 136.1% | | 150.7% | |
| 固定比率 | 143.0% | | 147.8% | |
| 固定長期適合率 | 84.4% | | 83.6% | |
| 負債比率 | 142.8% | | 134.3% | |
| 自己資本比率 | 41.2% | | 42.7% | |

出所：三菱商事株式会社ホームページ、三井物産株式会社ホームページ

　両社ともに総資産に占める現預金の割合はそれぞれ7.6%、9.0%と大きく異なりませんが、流動比率では14.6ポイントの差があります。

②固定比率

　三菱商事の固定比率は143.0%で、三井物産の固定比率は147.8%であり、ほとんど差はありません。

　総合商社と言われるように、両社ともに固定資産に含まれるのは設備投資関連のみならず事業投資の割合が多く、資源、エネルギー、その他多岐にわたる分野への投資が大きくBSに表れています。

### ③自己資本比率

　2023年3月期の三菱商事の自己資本比率は41.2％で、三井物産の自己資本比率は42.7％であり、大きな差はありません。

　両社ともに、総資産規模が10兆円を超え、かつ、固定資産内の投資資産の割合が大きいという特徴があります。

　ここ数年は資源市場や円安といった経済環境によって業績も好調で投資結果も出ていますが、大きく利益が出ることもあれば損失が発生することもあります。損失が発生すれば、減損等で一気にBSが毀損する可能性もあります。

# 05.

## 自社は「強い会社」なのか？

　では、実際に自社の比率はどうなっているのかを見てみましょう。
　以下のBSの図表に数字を入れてください。

■ 図1-11　貸借対照表（BS）

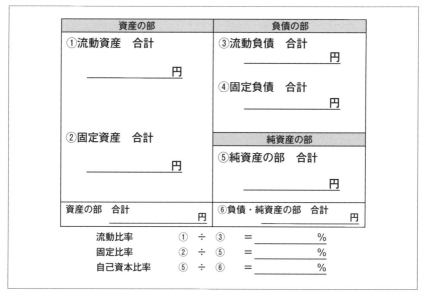

　一般的に、流動比率は、200％以上、固定比率は100％以下、自己資本比率は30％以上が目安とされています。

　ちなみに、当社は、プロローグに示したように、
流動比率704.6％、固定比率は6.7％、自己資本比率74.6％です。

　私が26年前に開業した時、財務健全性を第一に考え「お金の戦略」に従って会社運営をしました。どんなに営業力や技術力があっても財務力がなければ会社は存続しません。

　営業・技術・財務は経営の重要な要素であり、これらが三位一体となった時、企業は強い会社になります。

## コラム

## 良い節税と悪い節税

　創業した頃の節税は、大きな効果を生みます。
　これが最初の成功体験となり、経費を増やして利益を圧縮し税金を抑えることで、お金が貯まると思いがちになります。

　売上高が数千万円から1億円位までは、これも効果があります。
　しかし、売上高が1億円を超えてくると、「経費」を増やす方法で税金は下げられても、お金は貯まらなくなります。

　税金を下げること自体が目的化してしまい、無駄なものを購入するようになります。
　かつては、償却年数が短く減価償却が多くできるという理由でヘリコプターを買う企業がありました。

高級外車を購入して、税金を圧縮するという発想も同じです。

　しかし、購入する資産は、未来の経営にとって利益を生むかを考える必要があります。

　本末転倒の発想に陥る企業は、お金を貯めるためではなく、税金を少なくすることが目的化してしまうのです。結局、誤った節税法に陥っている企業は、中小企業の領域から抜け出せません。

　節税は、正しい経理処理をすれば、結果としてできます。

　それ以上の節税をすることは、「脱税」であり、必ずしっぺ返しを食らいます。

　不要なものを買って経費を増やし、税金を減らせば、結局、お金が会社から流出します。

　私が監査法人で株式公開コンサルをしていた時、有能な経営者は売上・利益の成長に関心を持っていても、決して「節税しろ」とは言いませんでした。

　逆に、儲かってない企業の社長の方が節税にこだわっていました。

　真に成長する会社は、節税ではなくビジネスの在り方に関心を持っているのです。

　これが成功する社長の思考法だと思いました。

　「儲かる会社」を目指して会社を立ち上げた社長は、自分が儲けたお金を税金で持っていかれることが悔しいため、「税金を払いたくない」という発想が強くなります。

　しかし、無駄に経費を使えば、内部留保ができず、現預金も増えません。

　経費を使う節税は、売上規模が1億円を超えたら再考すべきです。

　「強い会社」にするためには、無駄な経費を使わず、利益を増やし、内部留保を増やすことが大切です。

# 06.

## お金を貯めることのメリット・デメリット

　会社の成長ステージによって、経営上、何を優先するかは変わってきます。
　言い換えれば、どの程度お金を貯めて投資するかは、会社の状況によって変わります。

　お金を貯めることで、強い会社になりますが、やみくもにお金を貯めれば良いという訳ではありません。潰れない会社にするのは、目的ではなく手段です。
　さらに「お金を貯めることのデメリット」があることに注意が必要です。

〈お金を貯めることのメリット〉

・倒産リスクの低減
　企業が倒産する直接の原因は、業績の悪化ではなく、お金がなくなることです。
　そのため、手元にお金を残しておくことができれば、会社は倒産することはありません。

・投資の選択肢の増加
　「ヒト、モノ」に投資するためには、「お金」が必要になります。また、会社の戦略の実行にもお金が必要です。
　お金を貯めることで、将来への投資、戦略実行において選択肢を増やすことができます。

〈お金を貯めることのデメリット〉

・投資やR&D（研究開発）がなされず、成長機会を失う（機会損失）
　お金を貯めることで、投資が抑えられることにつながる可能性があります。投資により未来の利益が生まれると考えると、過度にお金を会社に残すことは、将来の成長を犠牲にすることにもつながります。つまり、将来の利益を失う、機会損失が生じる可能性があります。

・社員への分配が減少する可能性

　会社にお金を貯めることは、社員への分配額が抑えられる事にもつながります。給与水準が低くなるため、社員の離職、有能な社員が採用できない問題にもなります。

・株主への配当が抑えられる

　株主の立場からすると、内部留保を行うことで配当を受ける機会を失います。適切な投資がなされ、長期的な観点で株価が上がるのであれば株主は納得します。しかし、単に内部留保だけされ、投資されないのであれば、株主は配当を要求するでしょう。

　このように、お金を貯めることは、メリットだけではなくデメリットもあります。

　バランスを取りながら「自社が何を優先すべきか」を決定し、実行していくことが社長の役割になります。

# 07.

## どうやってお金を増やしていくか？

　お金を増やすためには、右側の調達を増やす必要があります。

　　①自己資本

　　②他人資本

　　③利益の蓄積

　実際に「強い会社」を作るためには、貸借対照表をどのように企画するが良いでしょうか？　言い換えると、どのように現預金を増やすのかがテーマです。

　たとえば、
　現預金を1,000万円持っていて、完全無借金経営の会社をA社
　現預金を1億1,000万円持っているが、借入も1億円ある会社をB社
　この場合、A社とB社のどちらの会社が潰れにくいといえるでしょうか？

答えは、現預金をより多く持っているB社です。

無借金経営にこだわるあまり、現預金を少なくしてしまえば、倒産リスクが高まります。現預金が少ない無借金経営より、借金があっても現預金が多い企業の方が倒産リスクは少ないのです。

無借金経営を目指しても、その過程で借入することもあります。
中小企業の資金調達は、銀行からの融資が中心になります。
銀行は、「晴れの日に傘を貸し、雨の日に傘を取り上げる」と揶揄されます。

業績の良い時には、銀行は積極的に融資の打診をします。
「ビジネスチャンスを広げる新規投資はいかがですか。融資できます！」
「良い物件が売りに出されています。自社ビルにすれば、毎月家賃を払う必要はなくなります。それを担保にしたらもっと借入れることができますよ！」

ところが、業績が悪くなった途端に、貸し渋りどころか、返済をせまられます。

会社の経営状況はいつ悪くなるか分かりません。
現預金が十分にないなら、借りられるうちに借りることも必要です。

ただし、借入をすれば利息が発生し、返済のプレッシャーを抱えることもあります。また、無借金経営にこだわり過ぎれば、銀行借入を躊躇し、適切な投資をするチャンスを逃します。

経営において重要なことは、借入があるかどうかではなく、現預金を多く保有しているかです。このような「財務企画」は、社長の重要な仕事です。

どんなに営業ができても、技術があっても、財務を理解する力がなければ、会社は成長しません。

# 08.

## 創業時から
## どれだけお金を貯めてきたか？

　会社のお金に関わる仕事は、一般的に「財務」と「経理」の2つがあります。

　会社は、この財務と経理を分けて考える必要があります。

経理は、「過去」の処理です。
財務は、未来の企画と現在の経営判断に関連します。

　何に投資するのか？　どんな車を買うのか？　社員の賞与はいくらにするのか？

　全ての経営判断は、お金に関連します。経営と財務は密接に関連しているのです。

　財務企画は、会社の未来を企画していくものであり、過去処理を中心に仕事をする社員や税理士に任せることはできません。未来企画は、社長の仕事なのです。

　しかし、中小企業の経営者の中には、財務と経理を分けて考えず、社員や税理士に丸投げする人がいます。気づいた時には、会社のBSが悪化しているのです。

　あなたの会社は、創業以来、年平均でいくらお金を貯めてきたのでしょうか？

■ 図1-12　1年間でいくら資本を増やしたのか

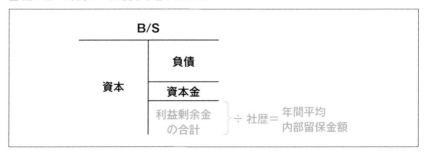

BSの純資産の部にある利益剰余金を「社歴」で割ってください。

この金額が、創業以来、年間平均の内部留保金額、つまり、歴代経営者が1年間で貯めたお金です。

ちなみに当社は、利益剰余金30億円、社歴26.5年なので、年間1.1億円貯めたことになります。

もちろん、この金額がそのまま、現預金として残っている訳ではありません。

お金は、投資に使うものです。ゴルフ会員権、別荘、高級外車など、お金を生み出さないものに投資された場合は、「資本効率」が悪くなります。

過去から内部留保された金額が大きいほど、「強い会社」を作った社長ということになります。同時に何にお金を使ったのかも問われます。社員は、社長が何にお金を使っているのかを見ているものです。

人間は、**お金を「能力」により稼ぎ、「品格」により使うのです。**
稼ぐことは学べても、使い方は簡単には学べません。

# 09.

## 目指すべき「強い会社」

「強い会社」になるとは、「回収」によって資本が蓄積され、借入が返済されて負債の部が小さくなり、必要な「投資」をした後でも現預金が増加する状態です。

■ 図1-13　目指すべき自己資本比率

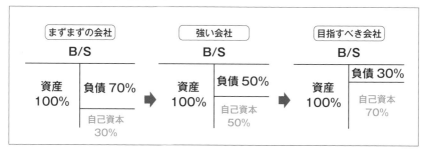

自己資本比率（総資本の中で自己資本が占める割合）は、30％以上を目指しましょう。

50％以上になれば、倒産リスクはかなり軽減します。

70％以上になれば、完全無借金経営が実現でき、倒産リスクはほぼなくなります。

これが「強い会社」の完成形です。

「強い会社（BS）」を作るために必要なのは「儲かる会社（PL）」にしていくことであり、この2つをつなぐものが、第二章の「キャッシュフロー計算書（CF）」です。

## コラム

## 節税するから会社が成長しない
### - 節税トラップ -

会社を立ち上げる段階で陥る罠に「節税」があります。

会社の立ち上げ段階では、どんな会社にも十分な資金がありません。

初めて決算を行い、利益が出た時の喜びも束の間、税金の大きさにがく然とします。

会社員時代は、毎月、所得税は源泉されており、年末調整も会社が行ってくれます。実際に自分がいくら税金を払っているのか気にすることは少なく、税金の額を変えることは、不可能に近いことです。

しかし、起業して経営者になると税金は、決算後に一度に支払わなければいけません。

税金の大きさだけでなく、「経費」をいかに計上するかによって税金の額が自分の意思で変えられることにも気づきます。

『節税をすれば、会社に多くのお金が残る！』
節税こそ、お金を貯める「打ち出の小槌」と思うのも当然かもしれません。

例えば、ビジネスパーソンであれば、家賃は、自分の給料から支払うのが普通です。
しかし、起業した時に、自宅を会社の所在地として登記すれば、家賃は、会社の賃料に変わり「経費」にすることができます。

家賃だけでなく自宅の水道光熱費も会社の「経費」。
コンビニでお菓子とジュースを買っても会社の「会議費」。
自分の車を買っても、社用車だから、「減価償却費」。

経費によって利益が圧縮でき、結果的に税金を減らすことができます。

今まででは考えられないことが起きるのです！
社長になったら「節税天国」といった感じかもしれません。

私は、独立当初、税理士登録をしていませんでした。
監査法人時代は、監査や株式公開コンサルがメインの仕事であり、税務の仕事をしていませんでした。
独立すれば、顧客から税務コンサル、つまり、いかに節税するかのアドバイスを求められるのは当然と思い勉強を始めました。

税金に関する専門書だけ読んでいても面白くありません。
本屋で面白そうな「節税本」を見つけました。

その本には、次のように書いてありました。
「妻を社員にしなさい。そうすれば、妻に給料を払って経費になる！」
「妻が社員になれば家族旅行は、社員旅行になって経費になる！」
「愛人のお手当は、社長秘書ということにして支払いなさい！それも経費になる！」

その本には、沢山の㊙節税方法が書いてありました！

私は早速、実践しました！

まずは、妻を社員にすることに成功！これで生活費として渡していたお

金を給与として支払うことになり、みごとに「経費」になりました。

　妻とハワイ旅行に行きました。これは家族旅行だけど、社員は妻しかいないので、社員全員で社員旅行に行ったことになります。本にはこれも「経費」って書いてあったから経費に算入！

　独立当初、ちょうどNTTドコモが大型上場する時であり、証券会社の営業マンが株を売りに来ました。

　これも勉強と思って1株買うことにしました。上場後、少し価格が上がったところですぐに売却し、30万円程の儲けがでました。ビギナーズ・ラックだったのですが、これが不幸の始まりです。

　『株はこんなに簡単に儲かるのか』
　これを契機に色々な株を買ってみました。
　当時、ネット証券の勃興期であり、簡単に株の売買ができるようになりました。
　株の信用取引まで行い、結果として大きな損失も出しました。

　しかし、株取引の損失も確定申告すれば、繰越欠損として認められ、翌年以降に株で利益が出た時に、過去の損失と相殺ができます。
　そこで私は、信用取引の詳細な明細を作って、税務署に報告したのです。
　この明細には、信用取引とは書きませんでした。
　信用取引は、手持ちのお金の何倍もの取引ができるので、取引額が膨らみます。

　これを見た税務署員が、『なぜ、起業したばかりの人間が沢山のお金を持っているのか』と不審に思い問い合わせが来ました。私の事務所に税務調査にくるというのです。

　株取引が信用取引だと説明すると、調査官は簡単に納得してくれました。
　ただ、何もなく帰る訳にもいかないようで『会社の帳簿を見せてほしい。経費の月次推移表を見せてほしい』と言われました。そして、旅費交通費が膨らんでいるところをすぐに発見し、「これは何か？」と尋ねられたので、私は本に書いてあった通り、「社員旅行です！」と回答しました。
　「そんな訳ないだろう！これは家族旅行だから経費として認められない！」

　本では「経費」になるって書いてあったのですが、どうやら実際には無理でした。

　『本に書いてあった！』と反論したい気持ちはぐっと抑えて、すぐに修正申告しました。

　株も通算3,000万円の損失を出して止めました。

　節税も安易に誤ったことをすれば、とんでもないことになると予感しました。

　これは、大きな戒めだと思い改心したのです。

　お金を貯めるには、まじめに「本業」に打ち込むことが一番です。

# 第二章

## 投資と回収で キャッシュフローを 考える

# 01.

## ビジネスは投資から始まる！

お金（キャッシュ）の流れを少し深く考察していきます。

貸借対照表と損益計算書との間をつなげるものが「キャッシュフロー（CF）計算書」になります。

会社のお金がどのように流れているのかを把握するのは、思うほど簡単ではありません。

どのようなビジネスでも、まずは資金を「調達」し、「投資」することから始まります。

そして投資の目的は、「回収」することです。

■ 図2-1　ビジネスの基本は投資と回収

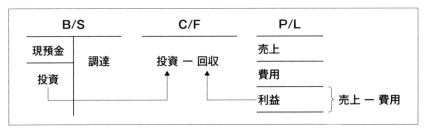

回収とは、投資した結果の儲け（利益＝リターン）を意味します。

例えば、100万円投資し、毎年のリターンが10万円、これが「利益」です。

この場合の投資利益率は、10％です。

つまり、利益は、売上から発生するのではなく、投資から発生しているのです。

この本質を誤って認識している経営者は、非常に多くいます。

利益が出ないのは、「コストダウン」ばかりして、投資を怠っているからです。

コストダウンとは、過去の投資の効率性を上げるための微調整に過ぎません。

戦略ではなく、戦術といえます。

コストダウンで利益を出す発想は、車の運転で例えるならば、アクセルとブレーキを同時に踏む状態です。

しかし、あまりにも多くの経営者が、コストダウンで利益を出そうとしています。

利益は、投資によって生まれる！

この発想が、次のイノベーションにつながります。

利益が出ていないのなら過去の投資効果がなくなったという意味です。

利益を出したいのなら、「何に対して投資すべきか」を考えて、新しい行動を行うべきです。

利益が出ていないのに「コストダウン」ばかり行っている企業は、既に陳腐化している「過去の成功モデル」にしがみついている状態です。

厳しい言い方かもしれませんが、社歴の長い企業ほど、この本質が見抜けずに利益が頭打ちする状態に陥っています。

究極的には、ビジネスは、「投資」と「回収」から成立しています。

資金をどのように「調達」して、何に対してどれだけ「投資」している

かを表すのが、「貸借対照表」になります。

　ある期間にどれだけ「回収」できたか、どれだけ「投資」したか、また、その過程でどれだけ追加の「調達」を行ったのか、それとも「返済・配当」したのかを表すのが「キャッシュフロー計算書」です。

　「損益計算書」は、「回収」の経過についての詳細を表しているにすぎません。

　この3つを合わせて財務3表の構造を知ることが、ビジネスの根幹を理解する上で重要になります。

# 02.

## ビジネスとお金　－投資と回収－

　「投資」は、将来、利益を出して現金を「回収」することを目的として行うものです。

■ 図2-2　キャッシュフロー表〈投資と回収〉

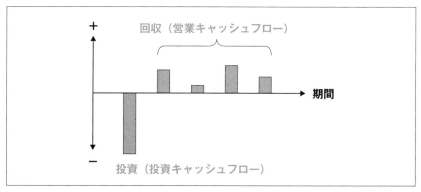

　お金の流れは、「出る」と「入る」の2つしかありません。

　投資は、お金が外に出る（キャッシュアウト）
　回収は、お金が外から入る（キャッシュイン）

　つまり、**キャッシュフロー計算書の本質は、お金の出入りを管理する**も

のです。

　お金をいくら**投資**したかが「**投資キャッシュフロー**」
　お金をいくら**回収**したかが「**営業キャッシュフロー**」
　と表されます。

　これだけであれば分かりやすいのですが、キャッシュフロー計算書を複雑にしているのは、これに「**財務キャッシュフロー**」が加わるからです。

　投資を行う時、手持ちの資金が足りない時があります。
　この時、銀行からお金を借りて不足分を補います。
　この場合の「投資」は、お金が出ていきますが、「財務」は、逆に借入により、お金が入ります。
　次に将来、お金が「回収」された時、銀行への返済でお金が出ます。

■ 図2-3　財務キャッシュフロー

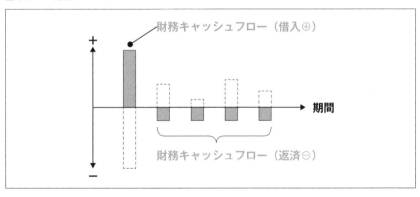

　このように考えると原則的には、

　投資キャッシュフローは、常に、キャッシュは出る（－）
　営業キャッシュフローは、赤字でなければ、キャッシュは入る（＋）
　財務キャッシュフローは、**投資に対応して、借りる時は入る（＋）、回収に対応して返済する時は出る（－）**

　損益計算書は、「回収」（利益）がどのような内訳から発生しているのか

を示すもので、これを理解すれば、お金の流れでビジネスの構造が分かります。

　目指すべき「強い会社」になるとは、「回収」によって現預金を積み増していくことであり、これは、資本の蓄積を意味します。

# 03.

## 利益とキャッシュは違う！

　予算は、「売上・利益」で立てることになるため、「キャッシュフロー」ではなく、「利益」ばかりに目がいきます。

　しかし、中小企業では「強い会社」を作ることが重要であり、「利益」よりも「キャッシュフロー」が大切になります。

　利益により、キャッシュが産み出されますが、ここで注意すべきは、利益が発生するタイミングとキャッシュイン（お金の回収）のタイミングは異なるという点です。

　では、なぜ利益の発生とお金の回収が異なるのでしょうか。例を挙げてみます。

　・売掛金

　物が売れると、売上となりそれが利益の源泉になりますが、お金の回収がなければ、利益が上がるタイミングとお金が入ってくるタイミングがずれます。

　損益計算書の売上や利益だけを見て「儲かっている」と思ってしまうと、「勘定合って銭足らず」ということにもなりかねません。

　・棚卸資産／固定資産

　設備投資を行い、モノを作っても売れなければ、製造等の場合、作るために支出した材料費、人件費、その他経費などは一旦在庫として棚卸資産となり、損益計算書上は売れたモノに対応する費用しか計上することがで

きません。

　調達したお金が、設備（固定資産）や棚卸資産に変わっているため、会社から既にお金は出ているにもかかわらず、損益上は出たお金の全てが費用とならないため、お金と利益がずれてしまいます。

　また、これは、他社から仕入れた商品でも同じことがいえます。商品・製品の中で売れ残りが多くなるほど、利益とお金の乖離が大きくなります。

　通常のビジネス活動では、掛取引を行う、在庫を持つ、設備等の一定の固定資産を持つということは必要で、その結果、どの会社でも利益とお金のずれは必然的に生じます。

　だからこそ、利益だけでなく、お金の動きを正しく管理しなければ、最悪、「黒字倒産」ということになりかねません。
　このお金の動きを管理するものが、キャッシュフロー計算書なのです。

# 04.

## キャッシュフロー計算書はBSから作られる

　「キャッシュフロー計算書」はお金の流れを表したものであり、お金の流れはビジネスの流れでもあります。

　ビジネスの流れがBSで表せるように、このキャッシュフロー計算書は、BSとPLからも作ることができます。

　では、実際にどのようにキャッシュフロー計算書は作れば良いのでしょうか。
　究極的には、運用と調達の差がキャッシュに変わるため、BSの差額がキャッシュの増減になります。つまりは、期首のBSと期末のBSの差額でキャッシュの流れを表すことが可能です。

　BSからCFを作成するために、まずは第一章でやったように、BSを大きく4つの区分に分け、その中で流動資産を「現預金」と「現預金以外の資産」

〈期首の BS〉　　　　　　　　　　　〈期末の BS〉

に区分します。

　また、負債を、借入金（有利子負債）と借入金以外に区分します。

　その上で、各項目の期首と期末の差額を計算し、それぞれを合計することで、最終的に「現預金の増減」となります。

①現預金以外の流動資産の差額＋借入金以外の負債の差額＋資本（利益）の差額
　⇒　営業上のお金の増減　⇒　営業キャッシュフロー
　※資本を利益（回収）ではなく資本金自体を増加・減少（増資・減資）させた場合は、その増減分は③の財務のお金の流れになります。

②固定資産の差額　⇒　投資のお金の増減　⇒　投資キャッシュフロー

③借入金の差額　⇒　財務のお金の増減　⇒　財務キャッシュフロー

　より詳細に見ていくと、①～③について、それぞれの増減を計算しますが、まずは、なぜお金が増えたのか、減ったのかをつかむことが大切です。

# 05.

## 有名企業の
## キャッシュフロー計算書を見てみよう

（1）トヨタ自動車・日産自動車のCF分析

実際に作られ公開されているキャッシュフロー計算書を見てみます。

図2-5は開示されているトヨタ自動車と日産自動車のキャッシュフロー
計算書ですが、この状態では、中身の分析、比較も難しいため、一旦分か
りやすく図にしてみます。

### ①営業CF

トヨタは営業CFが3兆円のプラスで、当期純利益額の2.5兆円以上の
キャッシュを生み出しています。日産自動車の営業CFは1.2兆円のプラス
ですが、当期純利益は2,412億円に過ぎません。

当期純利益と比べて約5倍のキャッシュを営業活動で生み出しています
が、最終的には利益額がキャッシュに影響を与えます。

### ②投資CF

トヨタは、営業で稼ぎ出したCFの約半分を投資として支出しており、
日産もトヨタほどではありませんが、営業活動で稼ぎ出したCFの約3分の
1を投資に回しています。

両者ともに積極的に投資活動を行っていることが伺えます。

### ③財務CF

トヨタの財務CFのマイナスは561億円であり、日産の財務CFのマイナ
スは6,706億円です。

規模的にはトヨタの方が借入等の有利子負債が大きいですが、これだけ
の利益、CFを生み出していれば早期に返済することは可能です。

（単位：百万円）

| | 前連結会計年度<br>（2022年3月31日に<br>終了した1年間） | 当連結会計年度<br>（2023年3月31日に<br>終了した1年間） |
|---|---|---|
| 営業活動によるキャッシュ・フロー | | |
| 　当期利益 | 2,874,614 | 2,492,967 |
| 　減価償却費及び償却費 | 1,821,880 | 2,039,904 |
| 　金融事業に係る利息収益及び利息費用 | △354,102 | △694,331 |
| 　持分法による投資損益 | △560,346 | △643,063 |
| 　法人所得税費用 | 1,115,918 | 1,175,765 |
| 　資産及び負債の増減ほか | △1,130,667 | △1,502,482 |
| 　　営業債権及びその他の債権の増減（△は増加） | 118,652 | △532,432 |
| 　　金融事業に係る債権の増減（△は増加） | △1,213,234 | △1,760,288 |
| 　　棚卸資産の増減（△は増加） | △725,285 | △350,550 |
| 　　その他の流動資産の増減（△は増加） | 71,314 | △61,538 |
| 　　営業債務及びその他の債務の増減（△は減少） | 152,399 | 712,400 |
| 　　その他の流動負債の増減（△は減少） | 410,546 | 545,666 |
| 　　退職給付に係る負債の増減（△は減少） | 60,419 | 21,213 |
| 　　その他 | △5,478 | △76,953 |
| 　利息の受取額 | 835,739 | 1,516,404 |
| 　配当金の受取額 | 347,387 | 460,351 |
| 　利息の支払額 | △418,043 | △593,216 |
| 　法人所得税の支払額 | △809,763 | △1,297,224 |
| 　営業活動によるキャッシュ・フロー | 3,722,615 | 2,955,076 |
| 投資活動によるキャッシュ・フロー | | |
| 　有形固定資産の購入〈賃貸資産を除く〉 | △1,197,266 | △1,450,196 |
| 　賃貸資産の購入 | △2,286,893 | △1,907,356 |
| 　有形固定資産の売却〈賃貸資産を除く〉 | 37,749 | 56,436 |
| 　賃貸資産の売却 | 1,542,132 | 1,659,161 |
| 　無形資産の取得 | △346,085 | △348,280 |
| 　公社債及び株式の購入 | △2,427,911 | △1,150,214 |
| 　公社債及び株式の売却 | 282,521 | 393,982 |
| 　公社債の満期償還 | 1,920,116 | 939,747 |
| 　その他 | 1,898,143 | 207,829 |
| 　投資活動によるキャッシュ・フロー | △577,496 | △1,598,890 |
| 財務活動によるキャッシュ・フロー | | |
| 　短期有利子負債の純増減額（△は減少） | △579,216 | 239,689 |
| 　長期有利子負債の増加 | 8,122,678 | 9,276,918 |
| 　長期有利子負債の返済 | △8,843,665 | △8,353,033 |
| 　親会社の所有者への配当金の支払額 | △709,872 | △727,980 |
| 　非支配持分への配当金の支払額 | △51,723 | △84,986 |
| 　自己株式の取得（△）及び処分 | △404,718 | △431,099 |
| 　その他 | ― | 24,310 |
| 　財務活動によるキャッシュ・フロー | △2,466,516 | △56,180 |
| 現金及び現金同等物に対する為替変動の影響額 | 334,195 | 103,305 |
| 現金及び現金同等物純増減額（△は減少） | 1,012,798 | 1,403,311 |
| 現金及び現金同等物期首残高 | 5,100,857 | 6,113,655 |
| 現金及び現金同等物期末残高 | 6,113,655 | 7,516,966 |

出所：トヨタ自動車株式会社ホームページ

■ 図2-5-2　CF計算書〈日産自動車株式会社〉 （単位：百万円）

| | 前連結会計年度<br>（自2021年4月1日<br>至2022年3月31日） | 当連結会計年度<br>（自2022年4月1日<br>至2023年3月31日） |
|---|---:|---:|
| 営業活動によるキャッシュ・フロー | | |
| 　税金等調整前当期純利益 | 384,210 | 402,436 |
| 　減価償却費（リース車両除く固定資産） | 296,911 | 335,242 |
| 　減価償却費（長期前払費用） | 44,018 | 41,194 |
| 　減価償却費（リース車両） | 348,074 | 317,304 |
| 　減損損失 | 16,973 | 8,615 |
| 　貸倒引当金の増減額（△は減少） | △51,771 | 9,905 |
| 　リース車両残価損失純増減（△は益） | △42,816 | △43,549 |
| 　受取利息及び受取配当金 | △19,957 | △39,359 |
| 　支払利息 | 174,194 | 206,281 |
| 　持分法による投資損益（△は益） | △94,302 | △171,275 |
| 　固定資産売却損益（△は益） | △30,467 | △17,199 |
| 　固定資産廃棄損 | 14,463 | 15,115 |
| 　関係会社株式売却損益（△は益） | 1,252 | 45,569 |
| 　売上債権及び契約資産の増減額（△は増加） | 140,242 | △167,742 |
| 　販売金融債権の増減額（△は増加） | 476,338 | 221,475 |
| 　棚卸資産の増減額（△は増加） | △12,498 | △196,712 |
| 　仕入債務の増減額（△は増加） | △414,416 | 543,424 |
| 　その他 | △216,314 | △134,191 |
| 　小計 | 1,014,134 | 1,376,533 |
| 　利息及び配当金の受取額 | 19,943 | 32,902 |
| 　持分法適用会社からの配当金の受取額 | 82,671 | 163,385 |
| 　利息の支払額 | △174,732 | △198,208 |
| 　法人税等の支払額 | △94,829 | △153,561 |
| 　営業活動によるキャッシュ・フロー | 847,187 | 1,221,051 |
| 投資活動によるキャッシュ・フロー | | |
| 　短期投資の純増減額（△は増加） | 2,795 | 2,209 |
| 　固定資産の取得による支出 | △315,202 | △322,725 |
| 　固定資産の売却による収入 | 54,639 | 33,968 |
| 　リース車両の取得による支出 | △808,684 | △810,777 |
| 　リース車両の売却による収入 | 734,703 | 679,146 |
| 　長期貸付けによる支出 | △4,787 | △1,533 |
| 　長期貸付金の回収による収入 | 1,907 | 3,083 |
| 　投資有価証券の取得による支出 | △13,803 | △1,849 |
| 　投資有価証券の売却による収入 | 169,815 | 310 |
| 　連結の範囲の変更を伴う子会社株式の取得による支出 | — | △9,730 |
| 　連結の範囲の変更を伴う子会社株式の売却による支出 | 154 | △30,842 |
| 　拘束性預金の純増減額（△は増加） | 30,091 | △20,256 |
| 　事業譲渡による収入 | — | 5,273 |
| 　その他 | 1,537 | 26,682 |
| 　投資活動によるキャッシュ・フロー | △146,835 | △447,041 |

出所：日産自動車株式会社ホームページ
（注）財務活動によるキャッシュ・フロー以下は省略しています。

　敢えて調達において自己資本よりも他人資本（有利子負債）の比率を高
め、資本の調達にかかるコスト（配当等）よりも低い負債利子等で運用す

■ 図2-6　キャッシュフロー内訳増減〈トヨタ自動車株式会社 VS 日産自動車株式会社〉

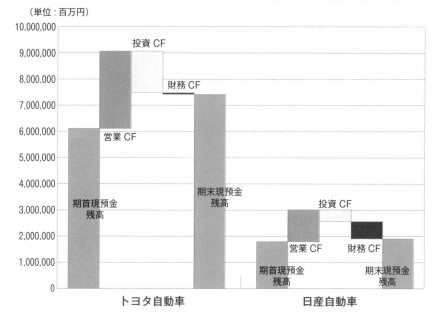

（単位：百万円）

（単位：百万円）

| 項目 | トヨタ自動車 | 日産自動車 |
|---|---|---|
| 期首現預金残高 | 6,113,655 | 1,792,692 |
| 営業CF | 2,955,076 | 1,221,051 |
| 投資CF | -1,598,890 | -447,041 |
| 財務CF | -56,180 | -670,607 |
| 期末現預金残高 | 7,413,661 | 1,896,095 |

※期末現預金残高については、為替変動等を除いています

出所：トヨタ自動車株式会社ホームページ、日産自動車株式会社ホームページ

ることで利益を上げる方針をとっていると考えられます。

　④CF比較

　両社を比較すると、いずれも営業CFで資金を稼ぎ出し、それを投資に
回し、さらに余ったキャッシュで借入の返済等を行っています。

　この営業CFと投資CFの通算額を「自由に使えるお金＝フリーキャッ

■ 図2-7　CF比較〈トヨタ自動車株式会社、日産自動車株式会社〉

（単位：百万円）

| | トヨタ自動車 | 日産自動車 | 理想 |
|---|---|---|---|
| 営業 CF | （＋）2,955,076 | （＋）1,221,051 | （＋） |
| 投資 CF | （－）1,598,890 | （－）　447,041 | （－） |
| フリーキャッシュフロー | （＋）1,356,186 | （＋）　774,010 | （＋） |
| 財務 CF | （－）　56,180 | （－）　670,607 | （－） |

出所：トヨタ自動車株式会社ホームページ、日産自動車株式会社ホームページ

シュフロー」といいます。このフリーキャッシュフローが大きいほど、資金面での事業活動の制限が少なくなるため良いといえます。

　財務安全性から考えれば、トヨタはもっと財務CFをマイナス（有利子負債の返済に回す等）にするのが良いのかもしれませんが、調達コストを考慮した企業の財務戦略と考えられます。

（2）セブン＆アイ・ホールディングスとローソンのCF分析

　①営業CF

セブン＆アイについては営業CFが9,284億円のプラスで、ローソンは3,097億円のプラスです。セブン＆アイの方が6,187億円多く稼ぎ出しています。

　一方で、各社の当期純利益はセブン＆アイが2,922億円で、ローソンは297億円となっており、ローソンは、利益額の約10倍近いキャッシュを営業活動で生み出しています。

　ただし、最終的には、営業CFは当期純利益の近似値に近づくため、利益の重要性は変わりません。

　②投資CF

セブン＆アイについては投資CFが4,132億円のマイナスであり、ローソンの投資CFは517億円のマイナスとなっています。

　セブン＆アイは営業活動で稼ぎ出したCFの約半分近くを設備投資などの投資活動に使っており、ローソンは営業CFの約6分の1を投資活動に使っ

■ 図2-8 キャッシュフロー内訳増減〈株式会社セブン&アイ・ホールディングス VS 株式会社ローソン〉

（単位：百万円）

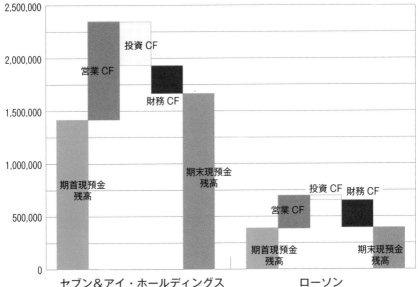

（単位：百万円）

| 項目 | セブン&アイ・ホールディングス | ローソン |
|---|---|---|
| 期首現預金残高 | 1,414,890 | 392,996 |
| 営業CF | 928,476 | 309,699 |
| 投資CF | -413,229 | -51,725 |
| 財務CF | -270,373 | -252,548 |
| 期末現預金残高 | 1,659,764 | 398,422 |

※期末現預金残高については、為替変動等を除いています

出所：株式会社セブン&アイ・ホールディングスホームページ、株式会社ローソンホームページ

ています。

　将来の収益獲得につながる投資活動をセブン&アイの方がより積極的に行っているといえます。

　③財務CF

セブン&アイの財務CFのマイナスは2,703億円で、ローソンの財務CF

のマイナスは2,525億円とほぼ同額となっています。

　セブン＆アイは、29％を財務CFの返済に回しています。

　ローソンは、82％も返済しているため、現預金が期首時点に比べてほとんど増加していません。ローソンは、有利子負債の返済にお金を回しているという点で財務の安全性を高めようとしていることが分かります。

　④CF比較

　両社を比較して見ると、それぞれ営業CFで資金を稼ぎ、その範囲内で投資活動も行っている点で、フリーキャッシュフローは各社の当期純利益と比較しても大きく、利益以上のキャッシュを生み出せています。

　また、セブン＆アイは、積極的に投資を行っている一方、ローソンは、投資より財務の安全性を高める動きをしていることが分かります。

■ 図2-9　CF比較〈株式会社セブン＆アイ・ホールディングス、ローソン株式会社〉

（単位：百万円）

| | セブン＆アイ・ホールディングス | ローソン | 理想 |
|---|---|---|---|
| 営業 CF | （＋）928,476 | （＋）309,699 | （＋） |
| 投資 CF | （－）413,229 | （－）51,725 | （－） |
| フリーキャッシュフロー | （＋）515,247 | （＋）257,974 | （＋） |
| 財務 CF | （－）270,373 | （－）252,548 | （－） |

出所：株式会社セブン＆アイ・ホールディングスホームページ、
　　　株式会社ローソンホームページ

（3）三菱商事と三井物産のCF分析

　①営業CF

　三菱商事の営業CFは、1.9兆円のプラスであり、当期純利益額の1.3兆円に比べて約1.5倍以上のキャッシュを生み出しています。

　三井物産の営業CFは1兆円のプラスであり、当期純利益の1.2兆円に比べ若干少なくなっています。

　②投資CF

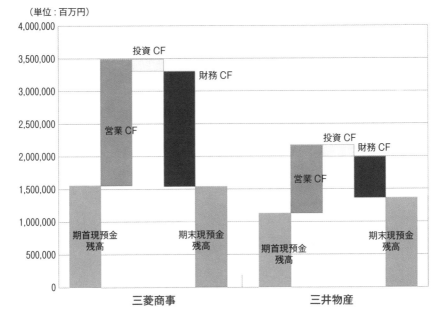

■ 図2-10 キャッシュフロー内訳増減〈三菱商事株式会社 VS 三井物産株式会社〉

（単位：百万円）

（単位：百万円）

| 項目 | 三菱商事 | 三井物産 |
|---|---|---|
| 期首現預金残高 | 1,555,570 | 1,127,868 |
| 営業CF | 1,930,138 | 1,047,537 |
| 投資CF | -177,466 | -178,341 |
| 財務CF | -1,766,638 | -634,685 |
| 期末現預金残高 | 1,541,604 | 1,362,379 |

※期末現預金残高については、為替変動等を除いています

出所：三菱商事株式会社ホームページ、三井物産株式会社ホームページ

　三菱商事の投資CFは1,775億円であり、営業で稼ぎ出したCFの約1割を投資活動として支出しています。

　三井物産も投資CFは1,783億円と三菱商事とほぼ同額ですが、営業CFに占める投資の割合としては約17％と三菱商事に比べて比率は高くなっています。

③財務CF

三菱商事の財務CFのマイナスは1.8兆円であり、三井物産の財務CFのマイナスは6,347億円です。その差は1.2兆円（約3倍）になります。

三菱商事は営業CFの9割以上を財務活動で支出（返済）に充てている点で三井物産とは大きく違います。

その内訳をみると三菱商事の有利子負債の返済は1.4兆円、配当金の支払いや自己株式の取得で約4,000億円と合計1.8兆円のマイナスになっています。

三井物産の有利子負債の返済は1,144億円しかなく、残りの5,202億円が配当金の支払いや自己株式取得等に充当しています。

両社の施策として、三菱商事は外部調達の有利子負債の返済に重点を置き、三井物産は株主還元に重点を置いた結果、財務安全性という観点では大幅に内容が異なっています。

④CF比較

両社を比較すると、いずれも営業CFで資金を稼ぎ出し、それを投資に回し、さらに余ったキャッシュで借入返済等を行っています。

しかし、フリーキャッシュフローで約9,000億円の差があり、営業活動、投資活動という事業活動の中でお金を生み出す力は三菱商事の方が大きいといえます。

図2-11　CF比較〈三菱商事株式会社、三井物産株式会社〉

（単位：百万円）

| | 三菱商事 | 三井物産 | 理想 |
|---|---|---|---|
| 営業 CF | （＋）1,930,138 | （＋）1,047,537 | （＋） |
| 投資 CF | （－）　177,466 | （－）　178,341 | （－） |
| フリーキャッシュフロー | （＋）1,752,672 | （＋）　869,196 | （＋） |
| 財務 CF | （－）1,766,638 | （－）　634,685 | （－） |

出所：三菱商事株式会社ホームページ、三井物産株式会社ホームページ

三菱商事は生み出したCFの大半を財務CFで支出（有利子負債の返済）

し、これが両社の財務戦略上の差としてBSの有利子負債比率等に表れています。

# 06.

## キャッシュフローを改善して
## お金を生み出す方法

　会社の中でのお金の流れ、キャッシュフローを改善する方法としては、以下の方法があります。

・受取手形、売掛金の回収期間短縮の交渉をする

　取引先との契約時に、回収期間をなるべく短くするよう交渉することで、資金繰りが改善します。これは、通常社員の仕事ではなく経営者の仕事です。

　また、長期の受取手形で回収せざるを得ないのであれば、割引する（支払期日までに銀行などに買い取ってもらい現金化する）ことも視野に入れる必要があります。

・滞留している売掛金を減らす

　滞留債権（期日までに支払われない売掛金など）などがある場合、無利息で取引先にお金を貸しているのと同じ状態です。毎月、債権回収管理を徹底していれば良いですが、取引先数が多くなると、滞留債権が発生する可能性が高くなります。

　遅延損害金などの条項を契約に盛り込むのも1つの方法ですが、まずは毎月債権の回収状況をモニタリングできる仕組みを作り、経営者に情報が上がるようにする必要があります。

　長期の滞留債権が発生するのは、そもそも経営者が債権回収、お金に関心がないことが原因なのです。

・適正在庫を維持する

　在庫過多になると、在庫を保管するための倉庫代や品質劣化などによる

廃棄損など、追加でコストが発生してくるため、資金の観点で考えると、不要な在庫は持たない、また在庫の回転率を上げることが望ましいです。

しかし、ビジネスで考えると、在庫は減らすほど欠品リスクが上がり、増やすほど欠品リスクが下がります。在庫の削減責任が明確でない場合、営業担当者は在庫を増やしたがる傾向があり、その結果、会社に不良在庫や滞留在庫が増えてきます。

また、購入時に大量発注することで単価を安く購入することができるということで不必要に多く仕入れてしまうことがあり、それが結果的に廃棄や除却といった形で損失につながることがあります。

・支払いは後払い

支払いを遅らせてもらう又は手形により支払うことにより、一時的に資金繰りを楽にすることができます。

しかし、一度支払いを遅らせることに味をしめてしまうと、「甘い経営」になるリスクがあるのと、手形で支払うということで倒産リスクが大きくなります。

これをBSではなくPLの観点で考えると、遅らせるのではなく逆に早く払うことで相手方に対して金利以上の値引きを交渉する、というのも儲ける仕組みの1つです。

ただし、一方的に当社の都合でこれらを行うことは、相手方からすれば当然メリットのないことであり、取引関係に悪い影響を及ぼすこともあるため、打診する場合は注意が必要です。

・無駄な経費を削減する

「無駄な支出」を控えることを意識し、現状の経費支出の見直しを行うこともお金を増やす1つの方法です。

ここでいう「無駄」というのは、「削減しても効果が変わらない費用」をいいます。

コストを削減すれば、単純に考えれば削減した分だけ利益が増えます

が、ここにコスト削減のトラップがあります。

　もし、「削減することで効果が変わる費用（人件費、福利厚生費、研究開発費など）を削減してしまうと、目先の利益は生まれても、中長期的に「儲からない会社」になってしまう可能性があります。いわゆる「ケチは儲からない」という状態です。

　重要なのは、将来の利益（回収）を生む経費は「投資」であり、ここをやみくもに削ってしまっては、将来の「回収」の源泉をそぐことになるため、むしろ将来のための経費は増やしていくのが望ましいです。

・不良資産、遊休資産を売却する

　上記の「無駄な経費」を「無駄な資産」と読み替えた際に出るのが、BSの資産の中で特に投資系の資産（ゴルフ会員権、リゾート会員権、保養所など）です。保有するメリットが薄いと思われるものについて、タイミングをみて現金化することで資金的にはプラスになります。

　「持たざる経営」を行うと資産効率が良くなり、儲かりやすくなります。

・資金繰り表を作成する

　中小企業の場合、資金繰り表及びキャッシュフロー計算書を作成していないことが多く、いわゆる「どんぶり勘定」でお金の管理を行ってしまっていることがあります。

　資金繰り表を作成すれば、お金の流れが見えるようになり、どうすれば、お金の流れが良くなるかの計画が立てやすくなります。

　このほかにも、お金を生む方法はありますが、一番望ましいのはお金の源泉である「利益を増やす」ことです。

　一時的にお金の入り、出のタイミングをずらしたとしても、中長期でみれば「利益＝お金」となるため、お金を増やすということにはなりません。

　この利益を増やしていくための方法が「儲かる会社」を作るための企画になります。

　次章では、この「儲かる会社」になるためのPLを見ていきます。

# 第三章

## PLの企画：
## P（価格戦略）×
## Q（販売戦略）

# 01.

## 利益が「強い会社」をつくる源泉

　貸借対照表（BS）、キャッシュフロー計算書（CF）のほか、決算書には、会社の儲けを示す「損益計算書（PL）」があります。

　損益計算書は、簡単に言えば、会社の儲けである利益を計算する表です。

　売上高−費用＝利益

　費用は、①売上原価、②販売費及び一般管理費、③金融費用に分けられます。

　売上高−①＝粗利（売上総利益）
　この利益率が高ければ、付加価値が大きく製品力が高いことを意味します。

　売上高−①−②＝営業利益
　この利益率は、本業の稼ぐ力を示すものです。

　売上高−①−②−③＝経常利益
　この利益率は、本業だけでなく、財務的能力も含めた総合的な稼ぐ力を示します。

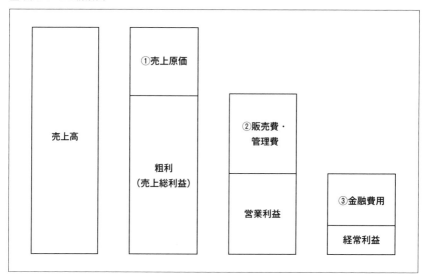

経常利益＞営業利益となっている企業は、基本的に財務体質が良く「強い会社」です。

営業利益より経常利益が多い会社は、支払利息より受取利息等の方が多いという意味になります。

「強い会社」かは、貸借対照表だけではなく、損益計算書からでも分かります。

「儲かる会社」を作るためには、戦略的に粗利率を高めていく経営をすることです。

これが結果として、企業の総合力を表す「経常利益」を高めてくれます。

売上高の大きさは、「大きい会社」なのかを表します。
売上高が企業の規模の大小を決める尺度です。

会社が小さい間は、小さいことが理由で辛い思いをすることがあります。
私も早く、会社を成長させて経営を安定させたい、大きくすれば良い社員が集まり利益も上がると思っていました。

しかし、規模だけ追求すると「儲からない会社」になるリスクがあります。

「儲かる会社」かは、利益額より利益率で判断します。
私が大切にしている利益の指標は、粗利率と経常利益率です。

良い仕組みができている企業は、利益率が高い傾向にあり、規模だけを追求すると、利益率が低くなります。

経営者は、まず「強い会社」を目指し、そして「大きい会社」にする前に、「儲かる会社」を企画することが重要です。この企画を担えるのは社長しかいません。

# 02.

## 「大きい会社」を目指すと「儲かる会社」にならない！

先ほどの話をもう少し深く考えてみましょう。
「大きい会社」を目指すと、利益より売上が重視され、「儲からない会社」になる可能性があります。

「儲かる会社」とは、競合他社とは異なる差別化された要因（戦略）を持っています。
つまり、競合よりも多くの付加価値が提供できる会社なのです。

このような会社は、マーケットさえ存在していれば、自然に大きくなります。
あえて、「大きい会社」を目指さなくても、「儲かる会社」は結果として大きくなるのです。

もし「儲からない会社」が「大きい会社」を目指したらどうなるでしょうか？
「大きい会社」を目標設定すると、会社規模である「売上高」を追求します。
その結果、製品・商品・サービスの安売りをしたいという心理が働きます。

儲からないから、大きくなっても現預金が増えません。

　売上が大きくなるにつれて、仕入代金や給与の支払が先行するため、借金が増え、財務体質は悪化していきます。やがて「弱い会社」になるリスクがあります。

　「強い会社」を目標設定し、その手段として「儲かる会社」を作ること。
「儲かる会社」とは、高付加価値型のビジネスモデルで、競合他社との間に差別化ができていることが条件です。

　「強い会社」→「儲かる会社」→「大きい会社」
　この順序は、鉄則であり決して間違えてはいけません。

## コラム

## 社歴の長い企業は、知らない間に衰退産業になっている

　会計事務所を経営する私が潜在的に抱えている問題は、会計・税務業務がコモディティ化され、値崩れが起きることと、コンピュータリゼーション（DXやAI）により構造的に仕事がなくなることです。
　税理士の平均年齢は既に60歳を超えており、完全に衰退産業です。

　会計事務所の今までの仕事は「過去会計」、つまり過去の集計処理でした。
　それが今、技術革新により大きな転換が求められています。
　今後は、「未来会計」を中心とする経営の意思決定にかかわる業務に転換していく必要があります。

　私が2006年ニューヨークに米国の会計事務所を視察した時、既に米国の一般の公認会計士の仕事がなくなっていることに強い危機感をおぼえました。
　『今までと同じ仕事をしていては、確実に会社は潰れる！』

　強烈な危機感を抱き、会社名も「久野康成公認会計士事務所」から「東京コンサルティングファーム」に変えました。

　さらに、同年、国際事業を開始しました。現在、国際事業は、グループ全体で7割以上の売上高を上げられるようになりました。利益に関しては、8割以上が国際事業からです。

　2019年からは、創業理念に立ち返り、自分が行いたかった顧客への経営コンサルティング業務を再開しました。
　1998年にコンサルタントとして独立しましたが、長い間、経営コンサルタントになるための修業として「経営」を実践してきました。やっと、「原点」に戻ることができました。
　フナ釣りに始まり、フナ釣りに終わるのです。

　「大きい会社」を最初に目指した会社は、売上の増加を目指すため、利益を重視しない傾向があります。忙しくても儲からないという「貧乏暇なし」の状態になるのです。

　私が属している税理士業界は、長い歴史を持った産業です。
　このような歴史のある産業に自社が属していると、そもそも知らない間に自社のビジネスモデルが衰退産業に属している可能性があります。

　イノベーションは、企業固有の問題だけではなく、属する産業の問題でもあります。
　私のケースでも今までのような「過去会計」の税務申告業務だけを行っていれば未来はありません。「未来会計」が、生き残りのためのイノベーションと思っています。

# 03.

## 売上＝単価×数量
### － 単価が利益率を決める！ －

　「儲かる会社」と「大きい会社」の違いは、売上重視か利益重視かで決

まります。

売上高の構成は「単価×数量」になります。

会社の「大きさ」は"数量"が決めます。
「儲け」は"単価"が決めるのです。
「儲かる会社」を作るためには、まず、数量より単価の決定、つまり「値決め」が重要になります。

例えば、単価100円のものを100個売ると、10,000円の売上高になります。
原価率が30%だとすると、1個当たり30円の原価、70円の粗利益、これが100個で7,000円の利益になります。

同じ商品を単価50円で200個売ると、同じ10,000円の売上高になります。
この場合、会社の儲けはいくらになるでしょうか？

■ 図 3-2　単価が粗利に与える影響

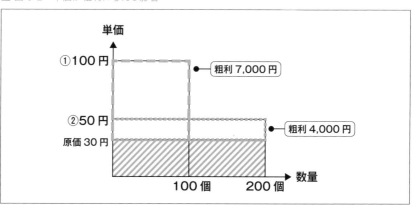

1個当たりの原価は、30円と変わりませんが、1個当たり粗利益は20円になります。
これが200個売れたので、合計の粗利益は4,000円になります。

仮に、最初と同額の利益を確保するためには、350個、つまり、3.5倍も売る必要があります。

値下げがいかに利益を下げる要因になるかを理解することが大切です。

単価の決定は、単に売値を決めることではありません。値下げしなくても良い付加価値を生み出せるかという発想につながります。

一般的には、何を作るか・売るかという「製品・商品戦略」が先に決まり、次にいくらで売るのかという「価格戦略」を決めるという順になります。サービス業でも同様で、何を提供するかが決まり、いくらで売るかはその次に考えるのが普通です。

しかし、「儲かる会社」を作るためには、いくらで売るかという「価格戦略」を先に決めて、次に、その価格に見合う製品・商品、サービスは何かという「製品・商品戦略」「サービス戦略」を決めるという手順が有効です。

製品・商品戦略から始める方が一般的ですが、この場合、価格の決定方法がコストプラス（コストマークアップ方式）で決められることが多く、結果として「儲かる会社」になりません。

これは、製品や売り物を先に考える「プロダクト・アウト」という発想になります。

「価格戦略」を先に決める場合、それに見合う製品・商品戦略に対して知恵を絞るようになります。これは、顧客のニーズを先に考える「マーケット・イン」の発想につながります。

「単価」は、製品・商品戦略とリンクするため、「社長・幹部の責任」となります。
つまり、社長と幹部は、儲かる仕組みを作ることが責任です。

そして「売上＝単価×数量」の数量は、回転率を意味します。
「数量」を決めるのが、「社員の責任」です。これが「販売戦略」となります。
社員の責任は、決められた戦略を徹底して「実行」することです。

ここで考えたいのが、問題は、幹部が売りに行く時に起きるということ

です。幹部が単価責任を持つのはなく、数量を伸ばそうとする時に起きるのです。

　通常、幹部には、値引きの権限、つまり、売価決定の権限が与えられています。

　部下が売りに行って勝手に値下げして売ることはできません。

　しかし、幹部が売りに行けば、売価決定の自由裁量は、かなりの部分まで任されているため、値下げして数量を取りに行く可能性があります。

　結果として、**幹部が売りに行けば、利益率が下がる**のです。

　**幹部の責任は、利益企画**であり、売るのは社員の責任と考えない会社、幹部がプレーイング・マネージャーと称し、実質プレーヤーの販売員になっている会社は、「儲かる会社」にならない可能性が高くなります。

# 04.

## 「儲かる会社」を作るためには
## PL分析から始めよ！

　「強い会社」は「儲かる会社」を作ることによって完成します。

　この儲かる会社を作るために、まずは損益計算書の分析からの財務企画が必要となります。

　実際に財務企画をする分析方法を考えます。

　最初に、経費を「変動費」と「固定費」に区分します。

　変動費とは、売上に比例して変動する性質の費用をいい、固定費とは売上がゼロであっても発生する費用です。

　変動費の例としては、仕入原価、販売手数料、外注加工費などがあります。

　固定費の例としては、給料、家賃、減価償却費などがあります。

　普段、我々が見ているPLは発生原因によって分けられています。

　仕入などの売上を上げるために直接かかる費用であれば、売上原価、営業担当者の給与などの売るためにかかった費用は販売費、その他、事務所の賃料など、会社を維持するためにかかった費用は一般管理費になります。

■ 図 3-3 PL 分析

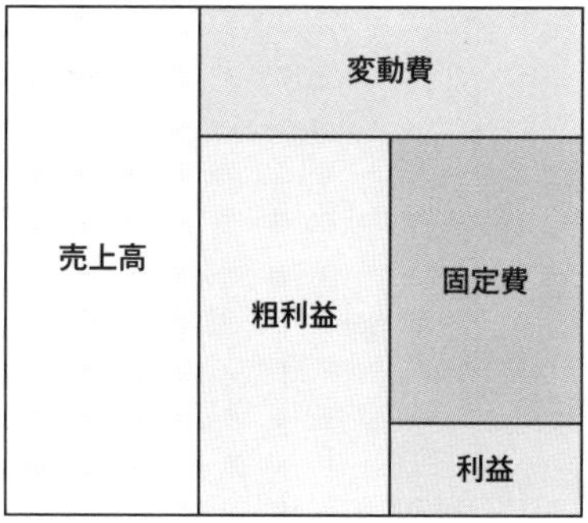

　年1回の決算、税務署に出す資料としてはこれで良いのですが、これでは「いくら売上が増減したら、いくら利益が増減するか」といったことが分かりづらく、会社が「儲かる会社」を企画するためのものとしては不十分です。

　そのため、費用を変動費と固定費の2種類に分けて、売上の変動によって費用がどう変動し、どのくらい利益に影響が出るかをシミュレーションできるようにします。

　シミュレーションをする上で最初に考えることが、赤字を出さないためには、最低限いくら売上があれば良いかです。これが、損益分岐点売上高になります。

# 05.

## 会社の命運を分ける「損益分岐点」とは？

　損益分岐点売上高は、「いくら売上を上げれば固定費が回収できて収支トントンになるのか」を計算することで求められます。損益分岐点売上高を超えれば、黒字になるため、赤字にならない最低限の売上水準を知ることは重要です。

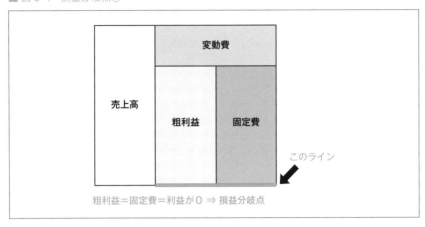

ボックス図でみると、売上高から変動費を差し引いた部分を「粗利益（限界利益ともいいます）」とし、「粗利益＝固定費」となった段階で、経常利益はゼロになります。

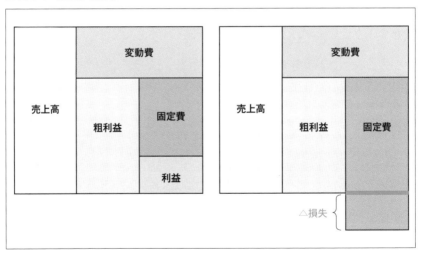

図3-4のように、固定費が、この損益分岐点のラインより上になれば、利益がプラス（黒字）となり、図3-5のように、逆に下に出ると利益がマ

イナス（損失／赤字）になります。

# 06.

## どこから着手すれば
## 効率的に利益が増えるのか？

　利益を改善するためには、「どこから着手すれば良いか」を考える必要があります。

　そのためには、利益に影響する要素である「売価」、「数量」、「変動費」、「固定費」の利益に対する感応度を数値化して、どこから着手するのが最も効率的かを知る方法があります。

　どの項目を変化させることが、利益改善への影響が大きいかを考えます。

　実際に、例を挙げて見ていきたいと思います。

〈事例〉
　売上高10,000、変動費7,000、固定費2,000、経常利益1,000の会社があります。
　売上高の内訳として、単価100、数量100
　（1個当たりの変動費率70%、1個当たり変動費70、1個当たりの限界利益30となります）

■ 図 3-6　損益分岐点（事例）

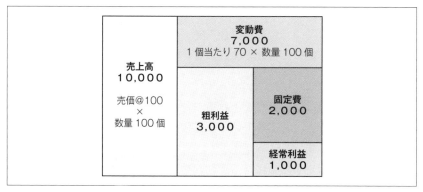

この会社でより利益を上げるためには、以下のどの方策をとるのが良いでしょうか。

①売上単価を10％アップ
②売上数量を10％アップ
③変動費を10％ダウン
④固定費を10％ダウン

　①の場合、単価が10％アップで1個当たり単価は10アップし、数量が100なので合計で利益が1,000アップします。

　②の場合、数量が100個から10％アップで110個になり、1個当たりの限界利益が30のため、粗利が300アップし、利益は300アップします。

　③の場合、変動費が10％ダウンするため、1個当たり7ダウンし、それが100個のため、700の利益がアップします。

　④の場合、固定費が10％ダウンなので、200ダウンし、その分利益が200上がります。

　結論として、①＞③＞②＞④、の順番で、利益に対する影響があることが分かります。

　今回のケースでは①売上単価の変動が利益に対して最も影響が大きく、④固定費の変動による影響が一番低いといえます。利益を上げるためには、売価を上げることが一番効果的です。

　売価は顧客との関係、変動費は仕入先・外注先との関係で決まります。
　数量や固定費といった自社の要因より、社外の要因の変化が最も効果が高いのです。

　しかし、一般的には、売価を上げることが一番難しいため、売上をアップさせたいと思うと、売価を下げて販売数量を増やして利益を上げようとする傾向があります。
　また、利益を増やすためには、変動費を下げるのではなく、固定費削減

をしたくなります。

つまり、社外要因ではなく、簡単な社内要因を動かしたくなるのです。

通常、売上高の増加を企画する場合、単に「売上、何％アップ」と考えますが、分析したり、戦略を考えたりする時は、「単価」と「数量」に分けて考えることが有効です。

仮に単価を10％値下げして販売した場合、元の利益を上げるためには数量をどれだけ増やさなければいけないでしょうか？

■ 図 3-7　単価が 10％下がった場合

単価が10％ダウンするので、単価は100⇒90になり、1個当たりの変動費は70、粗利益は1個当たり20なので、1個当たりの利益は10の減少になります。

1個当たりの変動費（原価）は変わらないとすると、この10％値下げによる利益の減少1,000（10×100個）をカバーするためには、以下の3つの方法が考えられます。

①売上数量でカバーする場合

1,000の利益を出すためには、1個当たりの粗利益が20であるため、1,000÷20＝50個を今より多く販売しなければなりません。つまり売上数量を50％アップしなければ、元の利益にはなりません。

②変動費の削減でカバーする場合

　1個当たり10の値引きにより、粗利益が10減少しているため、1個当たりの変動費を10削減する必要があります。

　つまり、変動費を70⇒60に減少（約14％ダウン）させることで、元の利益を確保することができます。

■ 図 3-9　単価が 10％下がった場合〈変動費〉

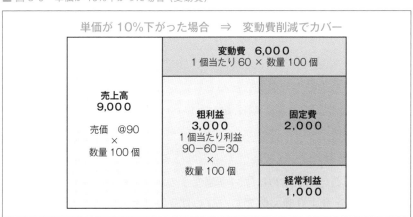

③固定費の削減でカバーする場合

　減少した利益分だけ固定費を削減する方法です。

　この例でみると、固定費を50%削減することで、元の利益を生み出すことができます。

■ 図 3-10　単価が 10％下がった場合〈固定費〉

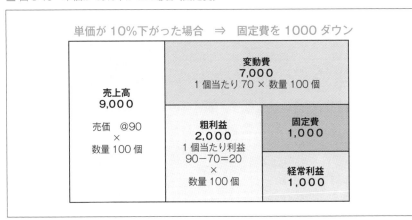

仮に単価を下げることで販売数量が増えたとしても、上記の例では、10％の値下げを取り戻すには、今より数量を50％多く販売しなければいけません。

　価格戦略としての値下げは、時として有効な場面もありますが、一般的には、他社に追随されやすく値下げをすることは危険です。

　値下げが有効な時は一般的には、最大手企業がバイイングパワーや規模の経済を利用して、「コスト戦略」と合わせて、競合を市場から排除する、いわば独占モデルを仕掛ける時です。

　中小企業がこれを行うのは、滞留在庫を一掃するような時くらいで、通常の戦略で使用すべきではありません。

　単価の値下げをカバーするためには、他の要素をかなり大きく増加又は減少させる必要があります。安易な値下げをしてしまうと、販売数量の増加や、原価・固定費の削減では追いつかなくなります。

中小企業の場合、経営の基本は、他社より安く売ることではありません。安く売るためには、安く作る必要があり、規模の経済が働く大手の方が、安く作ることは得意です。

中小企業の基本となる価格戦略は、付加価値をつけて競合他社より高くても売れるようにすることです。高く売って初めてブランドが作られるのです。

# 07.

## 有名企業のPLを分析してみよう

利益企画を行う場合には変動費、固定費の区分が必要となりますが、実際の決算書では変動費、固定費の区分はなく、費用は以下のように区分されます。

①売上に対する原価
②販売費・一般管理費
③その他営業外の費用

ここでは、有名企業のPLがどのような収益構造になっているかを見ていきます。

（1）トヨタ自動車と日産自動車のPL比較

各社の開示されている損益計算書を見てみます。

右記は、トヨタ自動車と日産自動車の2022年3月期及び2023年3月期のPLになります。

トヨタ自動車は国際会計基準（IFRS）に則って決算書類を作成しているため、日本の決算書の表示様式とは異なっており、読み解くには知識も必要となります。

また、日産もこの数字を見ただけではよく分かりませんので、ボックス図の形で見やすく直してみます。

（単位：百万円）

| | 前連結会計年度<br>（2022 年 3 月 31 日に<br>終了した 1 年間） | 当連結会計年度<br>（2023 年 3 月 31 日に<br>終了した 1 年間） |
|---|---|---|
| 営業収益 | | |
| 　商品・製品売上収益 | 29,073,428 | 34,367,619 |
| 　金融事業に係る金融収益 | 2,306,079 | 2,786,679 |
| 　営業収益合計 | 31,379,507 | 37,154,298 |
| 売上原価並びに販売費及び一般管理費 | | |
| 　売上原価 | 24,250,784 | 29,128,561 |
| 　金融事業に係る金融費用 | 1,157,050 | 1,712,721 |
| 　販売費及び一般管理費 | 2,975,977 | 3,587,990 |
| 売上原価並びに販売費及び一般管理費合計 | 28,383,811 | 34,429,273 |
| 営業利益 | 2,995,697 | 2,725,025 |
| 持分法による投資損益 | 560,346 | 643,063 |
| その他の金融収益 | 334,760 | 379,350 |
| その他の金融費用 | △ 43,997 | △ 125,113 |
| 為替差損益〈純額〉 | 216,187 | 124,516 |
| その他〈純額〉 | △ 72,461 | △ 78,109 |
| 税引前利益 | 3,990,532 | 3,668,733 |
| 法人所得税費用 | 1,115,918 | 1,175,765 |
| 当期利益 | 2,874,614 | 2,492,967 |
| 当期利益の帰属 | | |
| 　親会社の所有者 | 2,850,110 | 2,451,318 |
| 　非支配持分 | 24,504 | 41,650 |
| 　当期利益 | 2,874,614 | 2,492,967 |

出所：トヨタ自動車株式会社ホームページ

それでは、2社を比較して見てみます。

①売上高

　トヨタの営業収益は37兆円、対して日産自動車は10.5兆円と事業規模でいうと約3.5倍の差があります。

　また、各社の営業収益の中には、それぞれ「金融収益（自動車ローン等による収益）」がトヨタは2.7兆円（売上の約7％）、日産は1兆円（売上の約10％）が含まれています。

②原価・売上総利益

　トヨタは売上原価が30.8兆円（原価率83％）で、営業総利益が6.3兆円（営業総利益率17％）です。

　日産は8.9兆円（原価率83.8％）で、営業総利益が1.7兆円（営業総利益

■ 図 3-11-2　PL〈日産自動車株式会社〉

（単位：百万円）

| | 前連結会計年度<br>（自 2021 年 4 月 1 日<br>至 2022 年 3 月 31 日） | 当連結会計年度<br>（自 2022 年 4 月 1 日<br>至 2023 年 3 月 31 日） |
|---|---|---|
| 売上高 | 8,424,585 | 10,596,695 |
| 売上原価 | 7,070,531 | 8,882,846 |
| 売上総利益 | 1,354,054 | 1,713,849 |
| 販売費及び一般管理費 | | |
| 　広告宣伝費 | 247,552 | 283,505 |
| 　サービス保証料 | 72,184 | 94,364 |
| 　製品保証引当金繰入金 | 97,274 | 119,269 |
| 　販売諸費 | 68,759 | 92,602 |
| 　給料及び手当 | 393,877 | 436,403 |
| 　退職給付費用 | 7,990 | 12,247 |
| 　消耗品費 | 1,481 | 1,955 |
| 　減価償却費 | 56,368 | 58,348 |
| 　貸倒引当金繰入額 | △ 42,490 | 6,023 |
| 　のれん償却額 | 1,022 | 1,320 |
| 　その他 | 202,730 | 230,704 |
| 　販売費及び一般管理費合計 | 1,106,747 | 1,336,740 |
| 営業利益 | 247,307 | 377,109 |
| 営業外収益 | | |
| 　受取利息 | 16,952 | 39,276 |
| 　受取配当金 | 3,005 | 83 |
| 　持分法による投資利益 | 94,302 | 171,275 |
| 　デリバティブ収益 | 14,533 | 43,392 |
| 　雑収入 | 19,260 | 26,564 |
| 　営業外収益合計 | 148,052 | 280,590 |
| 営業外費用 | | |
| 　支払利息 | 55,949 | 63,045 |
| 　為替差損 | 8,900 | 51,948 |
| 　雑支出 | 24,393 | 27,263 |
| 　営業外費用合計 | 89,242 | 142,256 |
| 経常利益 | 306,117 | 515,443 |

出所：日産自動車株式会社ホームページ
（注）特別利益以下は省略しています。

率16.2％）となります。

　①と②の金額自体は大きな差がありますが、各比率では、大きな差はありません。

③営業利益・税引前当期純利益

　トヨタの本業での稼ぎである営業利益は2.7兆円（利益率7.3％）であり、日産は3,771億円（利益率3.6％）となっています。

　金額では約8倍の差で、比率の差も約2倍となっています。

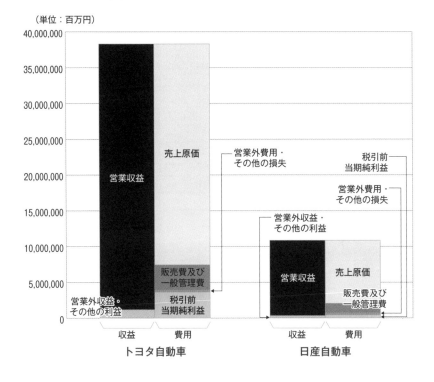

（単位：百万円）

出所：トヨタ自動車株式会社ホームページ、日産自動車株式会社ホームページ

④税引前当期純利益

　本業以外も含める全ての事業活動から生じた利益で、税金を控除する前の利益を税引前当期純利益といいます。

　トヨタは3.7兆円（税引前当期純利益率9.9%）で、日産は4,024億円（税引前当期純利益率3.8%）です。

　金額は約9倍の差で、比率も2倍以上の開きが出ており、営業活動以外の活動でもトヨタは日産よりも利益を稼ぎ出しているということが分かります。

　ここから分かることは、トヨタと日産では、規模の違い以上に経営効率（特に販売費及び一般管理費）の部分で差があり、それが最終的な利益の

| 項目 | トヨタ自動車 | | 日産自動車 | |
|---|---|---|---|---|
| | 収益 | 費用 | 収益 | 費用 |
| 売上高 | 37,154,298 | | 10,596,695 | |
| 売上原価 | | 30,841,282 | | 8,882,846 |
| 営業総利益 | | 6,313,016 | | 1,713,849 |
| 販売費及び一般管理費 | | 3,587,990 | | 1,336,740 |
| 営業利益 | | 2,725,026 | | 377,109 |
| 営業外収益・その他の利益 | 1,146,929 | | 319,455 | |
| 営業外費用・その他の損失 | | 203,222 | | 294,128 |
| 税引前当期純利益 | | 3,668,733 | | 402,436 |
| 分析指標 | | | | |
| 原価率 | 83.0% | | 83.8% | |
| 営業総利益率 | 17.0% | | 16.2% | |
| 営業利益率 | 7.3% | | 3.6% | |
| 税引前当期純利益率 | 9.9% | | 3.8% | |

出所：トヨタ自動車株式会社ホームページ、日産自動車株式会社ホームページ

差につながっているのではないでしょうか。

　（2）セブン＆アイ・ホールディングスとローソンのPL比較

　コンビニ業界大手のセブン＆アイ・ホールディングス（セブン＆アイ）とローソンを比較しています。

　※ローソンの営業利益は公開されていないため、便宜上、営業総利益から販売費及び一般管理費を控除した数値を営業利益としています。

①売上高

　セブン＆アイの営業上の収益は11.8兆円、ローソンの営業上の収益は1兆円であり、事業規模では約12倍近く差があります。

②原価・売上総利益

　セブン＆アイは営業収益に対する売上原価が8.5兆円（原価率72.0%）で、営業総利益が3.3兆円（営業総利益率約28.0%）です。

　ローソンの売上原価は4,730億（原価率約47.3%）で、営業総利益が

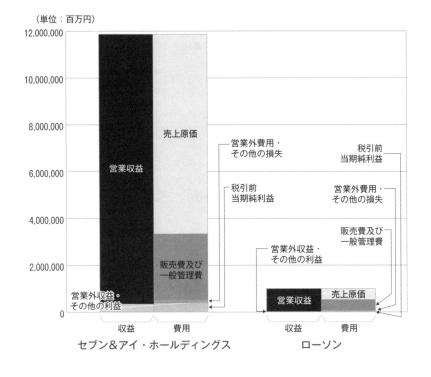

■ 図 3-13-1　PL 比較①〈株式会社セブン&アイ・ホールディングス　VS　株式会社ローソン〉

（単位：百万円）

出所：株式会社セブン&アイ・ホールディングスホームページ、株式会社ローソンホームページ

5,273億円（営業総利益率は約52.7%）になります。

　セブン&アイの営業総利益率は、ローソンと比較してかなり低く見えますが、これは、セブン&アイが金融業の比率がローソンよりかなり高いことが原因です。

③営業利益

　セブン&アイの本業での稼ぎである営業利益は、5,065億円（営業利益率4.3%）であり、ローソンは643億円（営業利益率6.4%）となっています。

　金額でいうと約8倍の差ですが、収益性の観点で比率的には若干ローソ

（単位：百万円）

| 項目 | セブン＆アイ・ホールディングス | | ローソン | |
|---|---|---|---|---|
| | 収益 | 費用 | 収益 | 費用 |
| 営業収益 | 11,811,303 | | 1,000,385 | |
| 売上原価 | | 8,503,617 | | 473,074 |
| 営業総利益 | | 3,307,686 | | 527,311 |
| 販売費及び一般管理費 | | 2,801,164 | | 462,998 |
| 営業利益 | | 506,522 | | 64,313 |
| 営業外収益・その他の利益 | 29,337 | | 4,964 | |
| 営業外費用・その他の損失 | | 133,096 | | 22,143 |
| 税引前当期純利益 | | 402,763 | | 47,134 |
| 分析指標 | | | | |
| 原価率 | 72.0% | | 47.3% | |
| 営業総利益率 | 28.0% | | 52.7% | |
| 営業利益率 | 4.3% | | 6.4% | |
| 税引前当期純利益率 | 3.4% | | 4.7% | |

出所：株式会社セブン＆アイ・ホールディングスホームページ、株式会社ローソンホームページ

ンの方が高いものの、そこまでの大きな差はありません。

④税引前当期純利益

　税引前当期純利益を見ると、セブン＆アイは4,027億円（税引前当期純利益率3.4％）で、ローソンは471億円（税引前当期純利益率4.7％）です。

　営業利益と同じく金額では約8倍、比率もローソンの方が約1.3％と若干高くなっています。

　セブン＆アイとローソンの営業利益率には、大きな差はありませんが、収益規模で約11倍の差が圧倒的優位性といえます。

　一般に、規模を追求すると「収益性（質）」が犠牲になりがちですが、トヨタやセブン＆アイは、各業界において国内最大規模（量）を誇りながら、収益性を低下させない「仕組み」によって、競合他社より圧倒的に高い利益を生み出しています。

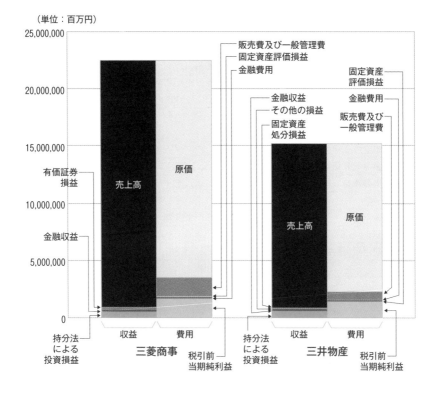

出所：三菱商事株式会社ホームページ、三井物産株式会社ホームページ

（3）三菱商事と三井物産

　総合商社でNo.1とNo.2の規模を誇る三菱商事と三井物産のPLを見ていきます。

（単位：百万円）

| 項目 | 三菱商事 | | 三井物産 | |
|---|---|---|---|---|
| | 収益 | 費用 | 収益 | 費用 |
| 売上高 | 21,571,973 | | 14,306,402 | |
| 原価 | | 19,012,011 | | 12,910,174 |
| 売上総利益 | | 2,559,962 | | 1,396,228 |
| 販売費及び一般管理費 | | 1,607,518 | | 702,809 |
| 営業利益 | | 952,444 | | 693,419 |
| 有価証券損益 | 197,005 | | 59,524 | |
| 固定資産評価損益 | | 272 | | 29,975 |
| 固定資産処分損益 | | 31,638 | 19,436 | |
| その他の損益 | | 25,353 | 9,248 | |
| 金融収益 | 203,642 | | 202,699 | |
| 金融費用 | | 115,377 | | 114,582 |
| 持分法による投資損益 | 500,180 | | 555,526 | |
| 税引前当期純利益 | | 1,680,631 | | 1,395,295 |
| 分析指標 | | | | |
| 原価率 | 88.1% | | 90.2% | |
| 営業総利益率 | 11.9% | | 9.8% | |
| 営業利益率 | 4.4% | | 4.8% | |
| 税引前当期純利益率 | 7.8% | | 9.8% | |

出所：三菱商事株式会社ホームページ、三井物産株式会社ホームページ

①売上高

　三菱商事の売上高は21.5兆円、三井物産の売上高は14.3兆円です。
事業規模でいうと約1.5倍の差があります。

　2015年3月期までは三井物産の方が売上高は高かったものの、以降は三
菱商事が売上高で上回っています。
　また、三菱商事は先ほどのローソンの株主（50.1％）でもあり、資源事
業以外も強化している点が結果的に売上にも影響しているものと考えら
れます。

②原価・売上総利益

　三菱商事の売上原価は19兆円（原価率88.1％）で、売上総利益が2.6兆
円（売上総利益率11.9％）です。

三井物産の売上原価は12.9兆円（原価率90.2％）で売上総利益が1.4兆円（売上総利益率は9.8％）となっています。

　三菱商事が規模、売上総利益額・率ともに高くなっています。両社の売上総利益率の差は約2％ではありますが、売上21.5兆円の2％は、金額にすると1.1兆円となります。

③営業利益・税引前当期純利益
　三菱商事の営業利益は9,524億円（営業利益率4.4％）であり、三井物産は6,934億円（営業利益率4.8％）となっています。

　金額でいうと2,590億円と約1.4倍の差になりますが、営業利益率の比較から、収益性の観点からは大きな差はないといえます。

④税引前当期純利益
　税引前当期純利益は、三菱商事は1.7兆円（税引前当期純利益率7.8％）、三井物産は1.4兆円（税引前当期純利益率9.8％）です。
　金額については3,000億円、比率では営業利益よりも差が大きく、三井物産の方が約2％高くなっています。
　一見2％の差は、大きな開きではないように見えますが、日本を代表する総合商社の事業規模は10兆円を超えており、1％の差が大きな金額の差を生みます。

　規模の違いによる金額の違いはありますが、グループ全体としての収益性に大きな差はありません。
　両者ともに主要事業である金属資源事業が外部環境の影響を受けやすく、ここ数年伸び悩んでいることから、主力事業の穴埋めを非資源等の事業でどこまでできるかというのが課題の1つになるのではないでしょうか。

# 08.

## 「強い会社」をつくる BS・CF・PL
## 3つの重要な要素

究極的には、ビジネスは、「投資」と「回収」から成立しています。

「資金調達」と「運転資金と投資」の金額を管理する表が、「BS」になります。

「投資」と「回収」のフローを管理する表が、「CF」です。

「回収」の内訳、源泉は何かを管理する表が、「PL」です。

この3つを合わせて「財務三表」といい、この構造を知ることが、ビジネスの根幹を理解する上で重要になります。

多くの経営者は、PLばかりに目を奪われていますが、社長の成績表は、むしろBSです。

設備を買うのもお金を借りるのも全て社長が行っています。

社員は、BSを動かすことはできません。

BSをどのように企画するのかが、社長の最も重要な仕事であり、これが「お金の戦略」の目標設定です。

第二部「お金の戦略　実践編」では、実際に強い会社をつくるための戦略の企画、実践を考えます。

# お金の戦略
## 実　践　編

【参考動画】
【第309回】お金の戦略─実践編
　　　　　久野康成の経営のエッセンス
https://youtu.be/Sf_DFPIIGP8

# 第四章

## 経営問題の全ては、数字に表れる

## 01.

### 数字は結果に過ぎない
### – 与えたものが得たもの –

前章までは、財務の重要性を中心に伝えてきましたが、BS、CF、PLといった財務指標は経営の結果に過ぎません。結果には必ず原因があります。良い結果には良い原因が存在し、悪い結果には悪い原因が存在します。

しかし、私自身、結果である財務指標に執着してしまい、経営の本質を見誤った経験があります。

32歳の時、今までの会計事務所の枠組みにこだわらない、新しいサービスができる事務所を作ろうと思い独立を決意しました。

それを上司に伝えに行った際、上司から「お前が辞めるのは構わない。しかし、独立するなら今まで辞めた先輩の中で一番成功しなければ意味がない」と言われました。

私は、成功して大きな会計事務所を作ることが目的ではなく、顧客のニーズに合った新しいサービスを提供するために独立を決意しました。上司の言葉に反論することは簡単でした。

しかし、オリンピックで金メダルを取らずして、「金メダルを取ること

に何の意味があるのか?」、エベレストの麓にいて「危険を冒して頂上に登ることに何の意味があるか?」と言うことはカッコ悪いと思い、「一番成功するので辞めます」と答えました。

「ところで、今まで一番成功した先輩は、年商いくらなのですか?」と尋ねたところ、「年商5億だ!」と言われました。

年商5億円は、会計事務所でいえば、従業員数50名程度の規模になります。

私には、50人も社員を雇うという構想は全くなく、達成するためには事業計画が必要だと思い、遠い先の約束ではなく5年後に達成することを目標設定した中期事業計画を作ろうと思いました。

実際に事業計画を作ってみると、今度は、自分自身が作った「数字」に追いかけられました。会社が設定した数字をノルマとして割り当てられた営業担当者なら、その数字に追われること、仕事が楽しくなくなるという気持ちは理解できます。

しかし、私は、経営者として自分で作った数字に自分が縛られ、好きで始めた仕事なのに仕事を楽しめなくなる状態に陥ったのです。

いわば、御者として馬を扱わなければいけないのに、いつの間にか自分が馬になって数字に操られていたのです。

一人親方として働いていた私は、いつものように営業に出かけ、社長室に通され社長を待っている間、額縁に入った色紙の文字が目に留まりました。

**「与えたものが得たもの」**

船井総研創業者の船井幸雄先生の直筆の色紙が飾られていました。

私は、その言葉を読んだ時、衝撃が走りました。自分が抱えている悩みの本質の全てがその言葉に集約されていたのです。

*"自分が今、得ているものは、自分が相手に与えたものの結果に過ぎない。自分が得ているものが少ないと思うのであれば、自分が相手に与えたものが少ないからだ"*

"自分が得るものを変えたいのであれば、与えるものを変えなければならない"

「与えること」が原因で、「得ること」は、単なる結果に過ぎないのです。

　企業は顧客と価値の等価交換を行っており、自分が得るものを増やしたいのであれば、先に価値をより多く相手に与えなければいけなかったのです。

## コラム

# 君の信条は何か？

　「与えたものが得たもの」
　この言葉は、「過去の先輩の中で一番成功する」ために中期事業計画書を作り、数字を追い求めてしまった結果、忘れていた私の信条「顧客第一主義」を思い起こさせてくれました。

　監査法人に就職し、最初に監査の仕事をしたのは、会計士試験合格後、26歳の時でした。

　ある外資系のクライアント先で3週間にわたる監査業務に配属されました。

　監査終了後、慰労会も兼ねて、監査チーム3名とクライアントの営業担当取締役と財務担当取締役の合計5名で飲みに行くことになりました。

　そして、開口一番。営業担当取締役は、私に質問をしたのです。

　「君の〈信条〉は何か？」

　私は、一瞬、固まってしまいました。回答できなかったのです。
　すかさず、その取締役は、私に畳み掛けました。
　「すぐに答えられないのは、君には〈信条〉がないということだ！」

情けないことに、その通りです。会計基準のことなら答えられたかもしれません。

仕事に関連しない質問をされるとは、全くの想定外でした。

さらに、その取締役は言いました。

「実はこの質問は、私が20年前、この会社に入る時に、当時の社長から入社の面接で受けた質問なんだ。私はこの質問に即答することができた。だから、この会社に入社もできたし、さらに今、こうして役員をやっているんだ！」

人として身に付けなければいけないことは、単に仕事のための知識・技術・経験だけでは不十分であることを教えてくれたのです。

私は、公認会計士の試験に合格し、いい気になっていたのです。そんな私の薄っぺらさを見透かした取締役は、私に強烈なパンチを浴びせたのです。

専門知識を身に付け、資格を取得したとしても、人間としての小ささは隠しきれません。自分の価値観があまりにも偏っていることに気づかされました。

私は、その取締役がどんな信条を持っているのかは忘れてしまいました。

信条とは、その個人が信じる事柄です。人によって異なるのは当然であり、真似する必要もありません。

しかし、強烈に残ったのは、「君に信条はあるのか?」という問いです。

私も、あの取締役のような、堂々と胸を張って自分の信じることを語れる人間になりたい。自分の「信条」を持ちたいと考えました。仕事を通じて、自分の「信条」を発見することに目標設定しました。

それから約1年考えた末、1つの結論に達しました。

「自分でいくら考えたところで、大した信条は作れないであろう。であれば、30年以上成功している経営者の信条を素直に信じて実践すれば良い」と考えました。

当時、成功している経営者として、本田技研工業の本田宗一郎氏をベンチマークすることにしました。本田氏は、「顧客第一主義」を掲げていま

した。なぜ、多くの優秀な経営者が、当時、「顧客主義」という言葉を使ったのかを考えました。

顧客主義とは、顧客のために働くことを意味します。

経営者がこの言葉を使い続けるということは、「社員が実践していない」ためと思ったのです。社員は、自分のために働く、「自分主義」を実践していると思いました。

「だから、経営者は言い続けなければいけない」と考えました。「優秀な経営者が言い続けるということは、その中に〈真理〉があるはず」と考えました。顧客主義の本質を理解するためには、実践するしかありません。自分に何が跳ね返るのか、一切の損得勘定を捨てて、顧客のことだけを思い仕事を始めました。

すると、顧客の反応に変化が起きてきたのです。

自分を捨て「滅私」となり、自分の全てを捧げて初めて、「顧客のために働く」ことができると確信したのです。このようにして、自分のためではなく、他人のために働くという価値観が生まれました。

このような価値観を持った方が、結果として、自分のために働くよりも社会的成功を収められることも理解できました。

監査法人時代に作った信条も事業計画書を作ることにより、結果として数字を追いかけてしまっていたのです。事業計画書を作ったことが問題ではありません。自分の信条・理念・哲学に対する解釈が甘かったのです。

「与えたものが得たもの」

今では、この言葉を当社の経営理念の1つに使わせてもらっています。

この考え方を社員に分かりやすく伝えるために、図解説明することにしました（図4-1）。

会社と顧客との関係は、会社から価値を提供（右ベクトル）し、等価交換で顧客から売上・利益を受け取ります（左ベクトル）。

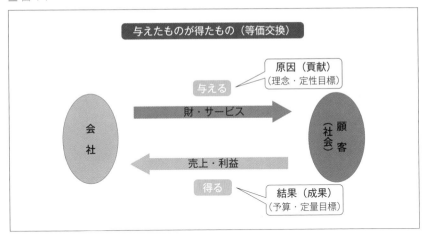

これは、「原因と結果の関係」になります。

ただし、自分が何を受け取っているかは、見えますが、提供している価値そのものは直接見えません。自分が受け取っているものを見て、与えている価値を間接的にみる必要があります。結果を変えたいのなら、原因を変えるしかないのです。

人間は、自分が得ているものは見えやすいので、そこに思考が向きがちです。

私が作った事業計画書も顧客に与えたい価値を表したものではなく、自分が得たい売上・利益の計画になっていました。これでは、良い結果が出ないだけでなく、仕事が苦しくなります。

顧客に与えた価値は、実際は自分の目には見えません。

しかし、顧客から返ってくるお金は見えます。つまり、顧客との間で価値の等価交換がされていると考え、利益を与えた価値の「測定道具」と考えれば、自分の与えた価値が測定可能になります。

会社が設定する「定性目標」である経営理念、ビジョンは、相手に与える価値であり、それを利益計画・予算として「定量目標」にして可視化させるのです。

利益計画とは、自分が得たいものではなく、自分が与えたい価値を反映しなければいけません。**会社を成長させることは、より多くの顧客に貢献することであり**、本来の経営理念に合致します。

経営理念が明確であれば、**商売とは金儲けの道具ではなく、社会貢献のための手段**と考えることができます。全ての経営者は、「社会企業家」になることができます。

経営は、シェークスピアの「ベニスの商人」のように卑しいものではなく、社会的問題解決の手段になります。

自分が満足すれば良いと思っている経営者は、会社を大きくすることはできません。

**会社を大きくするための正当性**を持っていないからです。

# 02.

## 価値循環モデル

■ 図 4-2　価値循環モデル①

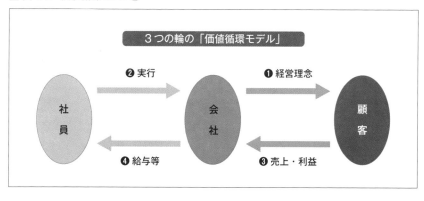

この考え方を会社と社員との関係に広げれば、**会社が支給する給与と社員が提供する労働は、価値の等価交換**と考えられます（図4-2）。

このコンセプトを「**価値循環モデル**」と名付けました。

社員の立場からすると、何か（お金、知識、技術、経験など）を得るために働く人（左ベクトル）と会社を通じて社会に価値を与えるために働く人（右ベクトル）に分かれます。

「得るために働く」のか、「与えるために働く」のか、人により主軸は異なります。

## コラム

# 哲学を持つ意味

京セラ創業者の稲盛和夫氏は、「哲学」、「生き方」を我々に問います。
稲盛氏がいう哲学とは、簡単にいえば、「生きる意味」を見出すことです。

哲学を持てば、生きることは手段となり、持たなければ、他の動物と同じように目的となります。生きることが目的なら、なぜ生きるのかを問うことも無意味となります。

生きることを目的にすれば、お金を得ることが仕事の目的となります。
ここから「生きがい」を見出すことは非常に困難で、生きることが苦しくなることでしょう。

経営者は、「経営哲学」を持つべきです。経営者は、非常に難しい経営判断を迫られることが多くあります。ぶれない意思決定をするには、「哲学」が必要で、これが支えになるはずです。

経営者が経営に悩む、目先の事象に心が揺れるのは、確たる経営哲学を持っていないことが原因でしょう。悩むのであれば、深く「内観」して自分の「生き方」を見つめ直す必要があります。

経営者が経営理念、ビジョンを明確に示さなければ、社員は、見えやすい「得られるもの」を中心に考える左ベクトルの人になります。

人間は、本能的に自分自身の安心・安全を第一に考えます。

会社の安定性、給料の高さ、長く働ける職場、手厚い福利厚生、仕事を通じて得られる経験などの条件を最初に考えるものです。

会社は、顧客や社会に提供すべき価値は何かを社員に明確にすることによって、目標共有による一体感を高め、働く本当の意義を認識させることが大切です。

「経営理念の浸透」レベルが、社内の一体感、協力関係に影響を与えます。

経営理念とは、経営者が社員に働く目的を示すものなのです。

## コラム

# 「楽」をしたいのか、「楽しく」生きたいのか？

ユニクロ創業者の柳井正氏は、「"楽"という字には二つの読み方があるが、二つ同時には読めない」と言っています。

①楽（らく）
②楽しい（たのしい）

「楽」と読めば「楽しく」なく、「楽しい」と読めば「楽」ではない。

人生で「楽」を選択すれば本当の意味での「楽しさ」を得られず、「楽しさ」を選択すると「楽」な人生ではないのです。

楽をしたいのか、人生を楽しみたいのか？
どちらを選ぶかは自分で決めることができます。

　私が小学2年生の時、担任の先生が「人生における苦しさの総量は同じだから、早い段階で苦しさを選択すれば残りは楽になる。もし、最初に楽を選択すると人生の終わりがどんどん苦しくなる」と言われました。

　子供の頃、長い間、私はこの話を信じていました。
　将来、楽をしたいと思っていたので、努力を怠らないようにしていたのです。

　しかし、大人になった時「これは嘘だ」と気づきました。
　「人生の最初に〈苦しさ〉、〈努力〉を選択すると、人生はどんどん楽になり、最初に楽を選択すると苦しみの量はどんどん大きくなる」と、実際に信じて、実践した結果、そう思ったのです。
　『苦しみの総量は、最初に楽を選択した人間の方が、最初に苦しさを選択した人間よりも結果として多くなる』のではないかと感じました。

　人生の「楽しみ」にフォーカスできるのは、未来志向であり、努力をすれば成し遂げられるという自信も必要になります。
　「努力しても達成できない、自分に自信がない」と思う人は、現在の「楽」を選択したくなります。

　どちらの人生を選択するかは、自己信頼度も関係しています。
　楽しい人生を送るためには、「努力による達成感」を積み重ねていくしかないのです。

# 03.

## 有能な個人集団は、
## 必ずしも有能な組織ではない

　会社は、創業者である起業家により立ち上げられますが、起業家がどんなに働いても1日24時間、個人では顧客に与える価値には限界があります。顧客により多くの価値を提供したいと思えば、これを1人で実践するのは無理です。

与える量を大きくするためには会社という「組織」を作ることになります。

会社を成長させるためには、「組織とは何か」を理解する必要があります。これを正しく理解しない会社は、個人事業主・個人商店の集団になります。

社員一人ひとりの能力が高ければ、その集団が本当に有能な組織になるのでしょうか?

企業は、創業期は、「個人の属人的リーダーシップ」で牽引され成功します。立ち上げ時期は、経営者自身も自分と同じような有能な個人を求めるのが通常です。

しかし、いつまで経っても「個人事業主」、「個人商店」の集まりの組織は、全体としてのまとまり・チームビルディングが弱くなり、結果として「ヒト」の問題で成長がストップするのです。

有能な個人とはどんな人かは、イメージが簡単です。

その業界における知識・技術・経験が豊富な人です。中途採用の応募事項を見れば、多くの企業が業界の知識・経験を求めていることが分かります。

しかし、「有能な組織とは何か」を定義することは、難しいことです。

会社を成長させるためには、組織が必要です。経営者自身が、「組織とは何か?」を正しく定義できなければ、本質的には組織づくりはできないのです。

有能な個人を集めても「有能な個人集団」が作られるだけで、決して「有能な組織」にはなりません。

では、「有能な組織とは何か」を次に考えていきたいと思います。

# 04.

## アダム・スミスのピン工場

19世紀後半、イギリスで産業革命が起きる前までは、現在のような会社はなく、鍛冶屋、桶屋、大工のような職人の世界でした。

職人がその道のプロになるためには、親方の下で何年も修業をして、やがて独立して自分の店を持つことが1つの夢でした。

現在でも、このように背中を見て仕事を覚えるという世界は存在します。

一人前になった職人は、「多能工」であり、1人で何でもこなせるようになります。

しかし、産業革命後、このように時間をかけてやっと一人前になる多能工だけではなく、1つのことしかできない「単能工」が登場するようになりました。

さらに、この単能工は、単に見習いという位置づけではなく、1つの組織の機能であり、結果として多能工よりも生産性の高い状態を作ることができるようになりました。

「分業」による協力体制が発明されたからです。

これは「流れ作業」のようなもので、歴史的に最も成功した事例は、ヘンリー・フォードが発明したフォード生産方式と思います。従来のヒトが動いてモノを作るのではなく、ヒトは固定され、モノが動くという画期的発想です。

組織の考え方は、古くはアダム・スミスの『国富論』で紹介されたピン工場が有名です。

「ピン工場において、使用される機械の使い方も知らない職人たちは、1日に1本のピンを造ることも容易ではないし、20本造ることは、間違いなくできないであろう。

しかし、分業によって、
1人は、針金を引き延ばし、
別の1人は、それをまっすぐにし、
3人目は、それを切断し、
4人目は、それをとがらせ、
5人目は、頭をつけるためにその先端をけずる
また、頭を造るのには、2つ、または3つの別の作業が必要

頭を付けるのも別の仕事
ピンを白く磨くのも別の仕事
ピンを紙に包むことも1つの仕事
このようにして、約18の別々の作業に分割されている。
社員は、10人しか雇われておらず、このたったの10人で4万8千本以上
のピンが造ることができたわけである。」

(出所：『アダム・スミス国富論1』／岩波書店　24－25頁より抜粋、一部著者加筆修正)

# 05.

## 有能な組織とは何か？

有能な個人集団とは、1人でなんでもできる「多能工」集団です。

これに対して、
有能な組織とは、1人のできることは限られていても全体として個人集団より生産性が高くなることが特徴です。

1人で全ての工程をこなすより、10人の単能工により分業で協力し合えば、48,000本のピンができます。その収益を10人で分け合った方が1人当たりの給与も多くなるのです。

有能な組織では、社員が有能な個人として1人で働くより、全体の儲けが大きくなるのが特徴です。個人事業主の集まり、個人商店の集まりを作るより、有機的に機能する組織を作る方が効率的に収益を上げることができるのです。

この前提は、社員が退職し独立するのではなく、会社で働くことを選択し続ける理由となります。

有能な多能工を集めても、必ずしも有能な組織になる訳ではありません。

経営者の仕事とは、有能な多能工を集めることではありません。

アダム・スミスのピン工場のような、個人の役割が明確となっていて、

それぞれが有機的に機能する「組織」を作ることが真の仕事になります。

# 06.

## 分業は「やりたいこと」ができない
## − 人間の機械化 −

　有能な組織は、「分業」が前提になるため、必ずしも個人の「やりたいこと」ができる訳ではありません。つまり、個人が組織の一部となることで「機械化」され、没個人となり、組織に埋没すると感じるかもしれません。

　1人で全ての工程ができ、やがて独立して稼ぐことができる多能工のピン職人と異なり、針金を伸ばすだけ、切るだけ、先を研ぐだけの単能工になりたい人はいません。

　組織とは、全体のために「個が犠牲」になることが前提なのです。

　効率的な組織では、個人で働くより、高い報酬を得ることが可能になりました。
　その引き換えとして、「個人としてのやりたいこと」が制限されるのです。

　もちろん、社員を採用する時に、「当社に入ったら、あなたがやりたい仕事はできません！」と言われれば、入社を決意する社員はいません。
　採用する時は、「やりたいことができる会社」をアピールします。

　本来、これはウソです。

　問題は、社長自身が、自分の言葉を本気で信じて、自らの言葉に騙されて、有能な組織ではなく、有能な個人集団を作ってしまうことです。

　多くの中小企業では、この問題が起きています。

　社長の「個人を大切にする」、「社員を大切にする」気持ちが結果として属人性を助長し、個人事業主集団、個人商店集団を作ってしまいます。

　自らを肯定するために「少数精鋭」を標榜しますが、結果として、「精鋭」

ではなく、単なる少数集団になります。企業の立ち上げ時期は、少数かつ精鋭を集めることは可能かもしれません。

　しかし、どこかのタイミングで、「真の組織化」を行う重要性に気づかなければ、圧倒的に生産性を高めることができず、儲からない会社になります。

# 07.
## 組織には「共通の目的」となる
## 経営理念が必要

　分業された組織では、「協力」が重要なテーマになります。

　個人商店の集団型組織は、各社員の能力は高くても、お互いの協力関係を築くことが苦手な集団になります。

　協力は、「誰かのために自分が犠牲になる」ことが受け入れられない人にはできません。

　個人商店の集団型組織は、社員が組織全体より自分を優先しがちになります。

　つまり、「部分最適」が「全体最適」よりも優先されてしまうのです。

　結果として、組織の中での協調性が欠けることになり、最も大切な「協力関係」が築けないのです。

　分業による協力関係を作るためには、「共通の目的」が必要となります。

　かつての多能工のピン職人は、親方の下で修業し、いずれ独立すれば良かったので、働く目的は、「自分のため」だけでも問題ありませんでした。

　職人は一人ひとりが独立し、自立した存在であり、働く目的も個人に委ねられています。自分の家族のため、スキルを磨くためなど自分の設定した目的のために働くことはできます。

　一方、単能工職人は、いずれ独立するという選択肢はありません。いずれかの組織に一生属して生きる必要があります。これが、没個性・機械化

となる原因です。

お金を得るために働く必要性は分かっていても、人間は機械ではありません。

個人のやりたいことができなくても、主体的に協力できる環境が必要となります。

人間の機械化を防ぐ方法は2つあります。

第1が、あくまでも個人を尊重し、結果として属人的・個人商店型組織にとどまることです。多くの中小企業はこれを無意識に選択しています。

第2が、「共通の目的」を掲げ、それを共有することで、個人のやりたいことを超え、組織としての目的のために社員が主体的に働く状態を作ることです。

## コラム

## 球拾い

例えば、中学生になり、あなたが野球部に入ったとします。

早くバットを握りたい、打席に立ちたいと思っても、最初に任される役割は球拾いです。「自分は球拾いはやりたくない」と思っても、チームの共通の目的である「試合に勝つ」ことが共有できれば、自分の役割が認識できます。

球拾いがしたいかしたくないかは関係ありません。新入生にとって、球拾いはチームへの貢献であり「役割」なのです。

実際、私が中学生だった時、授業中、ある先生が野球部の批判をしました。

「野球部の1年生は、グランドの外で球拾いをさせられている。しかも、グランドの外から大きな声を出させられている。あれでは、生徒がかわいそうだ！」

　私も見ていて「野球部は、大変そうだな」と思っていました。先生がそう言いたくなる気持ちも分かりました。
　しかし、即座に実際に球拾いをしている野球部員2名が強い口調で先生を批判しました。

「やらされているのではない。当然のことをしているだけだ！」

　批判した先生は、チームとは何か、組織とは何かを理解できていなかったのかもしれません。チームではなく「個人尊重という枠組み」の中でしか考えられない人にとっては、「球拾い」は、「やるべきこと」ではなく、「やらされること」になります。

　チームとは何かを、先生より生徒の方が正しく理解していたのです。

　組織もまた、1つのチームといえます。
　企業は、競合他社との競争に勝ち、顧客を獲得する必要があります。これが「ミッション」だからです。

　企業の目的は「経営理念」に集約されます。この浸透を怠れば、組織は、個人が優勢となり、個人商店の集まりと化すのです。

　個人＞組織

　これは、社員を魅了する戦術としては有効です。

　しかし、大前提である「分業」・「協力」を忘れて個人主義が組織の中で蔓延するようでは、いずれ組織は崩壊します。

　個人の尊重は、あくまで組織の前提条件である「分業」・「協力」体制を構築した上で行うべきテーマです。

# 会社を大きくしたくない経営者

　世の中には、経営理念がある会社とない会社があります。

　経営理念が掲げられていたとしても、それが浸透していなければ、ないに等しいといえます。

　そもそも経営理念とは経営者がどのような思いを持って経営をしているかであり、経営者の哲学、働く理由、会社の存在理由になります。

　このように考えれば、全ての会社には経営理念が存在しているはずです。

　では、なぜ経営理念のない会社が存在するのでしょうか？

　それは、会社が家業（生業）となっているからです。たとえ株式会社という形態をとっていたとしても、会社は家業と企業に分かれます。

　家業（生業）とは、経営者が経営者自身のため、家のため、家族のために働いている状態です。また、それを支えてくれる社員も大切と考えます。

　家業の経営理念は、「会社の存続と繁栄」が目的化します。

　Ｐ・Ｆ・ドラッカーが言うように、企業の目的は、本来、「企業の外」にあるべきですが、家業型の経営理念は、目的を「企業の内」に見出すことが特徴です。

　ある会社の社長に「経営理念はなんですか？」と質問したところ、「会社の存続です」との答えが返ってきました。

　会社の存続は手段であり、目的ではありません。

　存続を目的とするより「顧客にどんな価値を提供するのか」を目的とした方が結果として会社は繁栄し、存続できるのです。

　また、「存続」を目的にすると「今の状態が続けば良い」、「会社を大きくする必要はない」という考えに偏りがちです。

本来、顧客とは、既存顧客を指すのではなく、まだ見ぬ未来の顧客も含まれます。

　自分の商売が、真に社会に役立っていると思えれば、まだ見ぬ顧客にサービスを広げることが社会的ミッションです。

　経営者には、いわば、宣教師としての役割があり、自社の製品・サービスを世の中に広げる努力をすることがミッションなのです。

　このミッションに従わず、「今の状態が続けば良い」、「会社を大きくしたい訳ではない」と思う経営者は、遅かれ早かれ会社を衰退させていくのです。

# 08.

## 社員の「働く理由」と経営理念
## － 3人の石切職人 －

　理念を設定し、目的を共有することが非常に重要なことだと認識できましたが、その大切さを表す寓話として、石切職人の話を紹介します。

　昔、1人の旅人が歩いていると、向こうに3人の石切職人が、炎天下の中、作業をしていました。旅人は近づいて、1人の石切職人に何をしているかと尋ねました。

　すると、最初の石切職人は、「ただ、お金のために働いているんだよ」と不機嫌そうに答えました。

　旅人が2人目の石切職人に同じ質問をすると、2人目の石切職人は、神経質そうに「見ればわかるだろ。石を切り出しているんだよ」と答えました。

　全く同じ仕事をしているにもかかわらず、2人の答えは違っていました。旅人は興味をもって、3人目の石切職人にも同じ質問をしました。

　すると、3人目の石切職人は、「教会を作っているんです！立派な大聖

堂を建てて、多くの村人に喜んでもらいたいと思っているんです」と目を輝かせて答えました。

1番目の職人は、仕事の「結果」として得られるものに着目しています。

自分のアイデンティティを仕事と結びつけていない場合、仕事は、単に生きるための手段でしかありません。

自分が生きるため、家族を養うために働いているのであれば、少しでも良い職場が見つかれば、転職を繰り返す人になります。仕事から楽しみを見出すことは難しく、給与は、苦労した労働の対価にすぎません。

2番目の石切職人は、仕事に必要な「手段」に着目しています。

石を切り出すという「技」にはこだわりを持つスキル志向の職人です。技術や品質を第一に考えてきた日本企業自体も、2番目の石切職人に当てはまるかもしれません。

市場が先進国から新興国に変わったことにより、日本の品質神話に陰りが見えてきました。技にこだわってしまう職人は、仕事の本当の目的よりも、自分自身の技の習得に興味を持つ傾向があります。そうなると、顧客が要求しているものと自分がしたいことがずれてしまうリスクが発生します。

3番目の職人は、仕事の「目的」に着目しています。

誰のための仕事なのかをよく理解し、その目的のために仕事をしています。仕事そのものを楽しむことができ、顧客のニーズをつかむことも得意なので、顧客にも喜ばれます。

もし、社員の多くが3番目の石切職人のように仕事の「目的」を共有し働けば、仕事は楽しくなり、顧客のためにより良い仕事をするために「手段」も極めるはずです。

お金は、後から「結果」として付いてくるものです。

相手から求められることを正しく理解しながらも、自分自身を見失わない生き方であり、社会と協調しながら自己実現を図ることができるようになると3番目のタイプになれます。

3番目のタイプは、相手のために技も磨きます。そのため、顧客からも会社からも評価され、楽しく働けるだけでなく、お金も手に入り、全てを手に入れられるのです。

　経営者が、経営理念・ビジョンを策定して、共有させなければいけない理由は、3番目の石切職人を育てるためです。

　これを怠る経営者の会社は、1番目の石切職人のように仕事に常に不満を持ち、お金のためだけに働く社員、2番目の石切職人のように自分の技にこだわる職人気質の社員で満たされます。

　経営者が最も注力すべきことは目的（経営理念）の設定と共有なのです。

# 09.

## 社員のためには「ビジョン」が必要

　共通の目的を具現化したものが、経営理念、ビジョンとなります。
　経営理念は会社の目的であり方向性を示すものです。　誰に、どんな価値を提供していくのかが示されます。

　企業目的が「企業の外」にあるとすれば、理念を徹底的に追求していくと顧客志向につながります。顧客志向を追求していくと、他社が提供するものとの違いを求めるようになり、結果として、他社との差別化を考えられるようになります。

　トヨタの豊田章男会長は、常に社員に「良い車を作ろう」と呼びかけました。
　トヨタの経営理念を一言で社員に言い聞かせ続けたのです。
　これを聞き続けた社員は、『顧客にとって良い車とは何か？』を考えられるようになります。経営理念を考えることが、差別化戦略へとつながっていくのです。

　ビジョンとは10年後、20年後、30年後といった、ある時点での会社

のありたい姿を示したものです。

　顧客は、短期思考で、価格・品質・納期などを考慮して製品・サービスを選びます。

　これに対し、社員は長期思考で会社を選びます。長く安心・安全をもたらしてくれる企業を選択したいのです。

　そのためビジョンは、社員に向けて作る必要があります。

■ 図 4-3

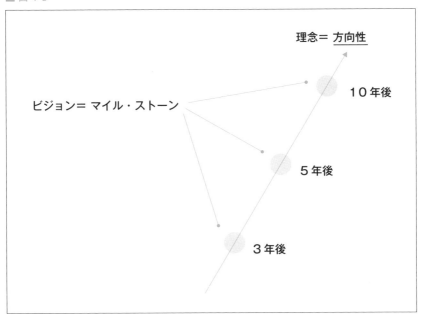

理念＝ 方向性

ビジョン＝ マイル・ストーン

10 年後

5 年後

3 年後

　社員は、「うちの会社には理念がない」とは言いません。大半の会社は、経営理念を掲げています。ただ、それを社員は、所詮、「建前」と考えているので気になりません。

　その代わりに「うちの会社には、ビジョンがない」と言います。

　ビジョンは、社員自身の安全性に直接かかわることです。自分が働く会社が安定的に成長し、自身が長く安心して働けるかが気になるのです。

ビジョンは、社員のために作る必要があります。

ビジョンは理念を達成していくための1つの「マイルストーン」です。
ビジョンが明確になると、中期事業計画が作れるようになります。


# 10.

## 生産性の増大が競争を生み 「差別化戦略」が必要となった

「分業」により生産性が上がったことで、これまで限られた市場の中で
しか販売できなかった商品をより広く販売できるようになりました。

町の豆腐屋が豆腐工場をつくることによって、隣町まで豆腐を売りに行
けるようになったのです。これにより市場における競争が生まれました。
同じ豆腐を売りに来る競合が現れたことで、「あなたのお店の商品は、
他のお店とは何が違うのか？」という問いに答えるために差別化を図らな
ければならなくなったのです。

この「競合との違いは何か？」を明確にすることが「差別化戦略」です。
企業にとって戦略が重要になったのは、分業による生産性の向上が背景
にあり、多くの市場が売手市場から買手市場に変わったことが原因といえ
ます。


# 11.

## 多能工の真の仕事は、 組織のプロセスを見直すこと

産業革命によって職人から企業に変わることによって、3つの重要な変
化が起きました。

第1が、分業により個人がやりたいことが必ずしもできないため、組織

として「共通の目的」が必要になったことです。これが「経営理念」となります。

第2が、生産性が向上し、広域の市場で販売ができるようになったため、競合他社が出現するようになりました。競合他社との「差別化」を図るための「戦略」が必要になりました。

第3が、分業によるプロセスの構築、これが「組織」です。さらに分業プロセスも、より生産性を上げるために恒常的に見直しが必要になります。

この組織を作り、プロセスの見直しができる人材は、全ての業務を理解している多能工だけです。単能工は、モノは作れても、継続的に組織を再構築するだけの知識・技術・経験がありません。

生産は、単能工でもできますが、組織を構築できるのは多能工だけです。その意味で、組織には、多能工も必要となるのです。

多能工の仕事は、自分が仕事をするのではなく、マネージャーとして業務を標準化し、生産性を向上させていくことです。

しかし、多くの多能工は単能工と自分を比べて、
「自分の方が仕事が早い」
「まだ、まかせられない」
「まだ、部下が育っていない」
と思い、ついつい自分自身がオペレーションに入って忙しがってしまいます。

これが多能工の陥る「職人的トラップ」です。

「自分の方が仕事が早い」と思うのは、自分が業務の標準化を怠り、属人的業務を行っていることが原因です。
「部下に任せられない」と思うのは、管理者としての指導力の問題です。
「部下が育っていない」と思うのは、自分が部下を育てていないことが原因です。

仕事ができる人ほど、この職人的トラップに陥ることに注意する必要があります。

多能工の本当の仕事は、単能工でも自分と同じスピードと品質で仕事ができるような「仕組み」を作ることなのです。


# 12.

## 経営者の真の仕事は何か？
## -「強い会社」にするための4つの役割 -

経営者の重要な業務は、次の3つです。

①共通目標の設定（経営理念・ビジョン等）
②戦略の策定
③組織の構築

これは、価値循環モデル（P106）の右ベクトルの経営の原因に当たる部分です。

価値循環モデルは、3つの輪と4つのベクトルから構成されています。
3つの輪は、経営における主たる「利害関係者」を表し、それぞれの「欲求」を満たすことが期待されます。

4つのベクトルは、上下で「価値の等価交換」を意味しています。企業がスパイラル状に成長することによって、価値の総量が増していくことをイメージしています。

また、経営（業務プロセス）全体を「統合」した概念図でもあります。
経営の実践は、「統合」された状態で行われますが、それぞれの業務の研究は、委任され「分離」した状態で行われます。
経営のスパイラル的成長は、分離による研究と統合による実践の繰り返しともいえます。

経営では、権限移譲が良いとされることが多いですが、権限移譲によっ

て、経営が「分離」され、セクショナリズム等が発生し、経営の「統合」に失敗することがあります。

　いくら権限移譲しようとも、全ての経営責任は経営者にあり、そのモニタリングは常に経営者が行っている必要があります。

　「部下に任せている」と言うことは都合の良い責任放棄です。
　松下幸之助氏は、「任せて任せず」と言いました。
　権限移譲による任せる大切さとともに、任せっぱなしには絶対にしないことが経営者に求められます。

　社長業として行うべき事は、価値循環モデルの4つのパートです。

　　①会社の目標となる「経営理念・ビジョン・定性目標」を明確に示し、その達成を図るための戦略の構築（P127 価値循環モデル②の右上）

　これが、経営者（CEO）の最も重要な仕事です。
　このパートは第五章で扱います。

　　②戦略に従って「実行」するための効率的な組織の構築と運用（P127 価値循環モデル②左上）

　これは、COO、工場長、各マネージャー、全ての社員が携わるものです。
　このパートを第六章で扱います。

　　③財務や「売上・利益」などの予算等の定量目標の策定と検証（P127 価値循環モデル②右下）

　一般には、CFO、経理部長に任される部分です。
　このパートは、BS、CF、PLとして、第一章から第三章までで基本的構造を学びました。
　中期事業計画や予算に関しては、第五章で扱います。

　　④社員に与えられるもの（給与、安心安全、承認、成長機会など）の設計（P127価値循環モデル②左下）
　一般には、HRマネージャー、人事部長に任される部分です。
　このパートは第七章で扱います。

強い会社を作るためには、結果ではなく、原因を追いかける必要があります。

　全ての経営の問題は、最後は数字として表れるため、第一章から第三章まで、財務を中心に学びました。

　本章では、経営の全体像を理解し、第五章、第六章では、良い結果を生み出すための原因の追究、第七章では、社員へのフィードバックを通じて持続的成長可能な企業の「在り方」を考えていきます。

# 第五章

# 強い会社は、
# 中期事業計画から作る

　財務と経営の全体像をベースに、「強い会社」を作るための中期事業計画の作成と予算について考えます。

　中期事業計画には、価値循環モデルの以下の項目が含まれます。

　①目的（理念・ビジョン）の設定

　②付加価値の源泉となる戦略の設定

■ 図 5-1　価値循環モデル②

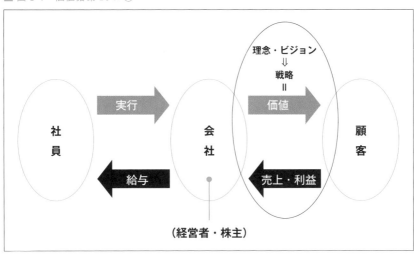

③定量目標として計量化（5カ年計画、予算等）

図の黒丸で囲った部分の企画を主に考えていくのが事業計画です。

# 01.

## 事業計画作成の第一歩は
## 「課題化」から始める

経営の失敗は、「課題化」の失敗から始まります。

「今、あなたの会社はうまくいっていますか？」

この問いに社員はなんと回答するでしょうか？

もし、あなたの会社が「成長期」にあり、売上も利益も伸びているようであれば、「うまくいっている」と回答することでしょう。これが、「課題化の失敗」です。

「課題」とよく似た言葉に「問題」という言葉があります。

私はこれらの定義を明確に区別して使っています。

「問題」は、今まさに発生している悪い事象を指します。

例えば、顧客からのクレームや納期遅れなどです。当然、問題は少ない方が良いです。

「課題」は、いまだ問題として現れていないが、対処しなければ未来に発生する問題の原因となるものを指します。「問題」と違い、この「課題」は沢山あるほど成長余力につながります。

将来に「問題」となった段階で対処するよりも、「課題」の状態の時に解決できれば、将来の問題発生は防止されます。

例えば、自動車の部品で、不良品が製品に組み込まれてしまった場合、リコール手続きなどの莫大なコストがかかります。これが「問題」が表出

化するという意味です。

　不良パーツが製造・出荷される前に、原因を発見することができればリコール費用に比べると僅少なコストで、問題の種を摘み取ることができます。

　1つの部品の段階で見つかれば1ドルのコストで終わりますが、製品として出荷後にリコールされれば、100万ドルの損害になるのです。問題が起きる前に、原因を発見することこそが「課題化」といえます。

# 02.

## 課題化に成功する会社・失敗する会社

　課題の抽出は、次のように考えます。

理想－現実＝課題

会社に課題がないことは失敗なのです。

なぜ課題がないことが失敗なのか？

課題が少ない会社は、次の2つの理由が考えられます。

❶理想が低い
❷現実を過大評価、甘い評価をしている

　最初に陥る罠は、「課題」と「問題」を混同することです。

　どんな人間でも会社で「問題」が起きれば、良い気持ちはしません。避けたくなります。

　潜在意識の中で、問題を避けようとする人間は、会社において課題化に失敗し、課題の解決能力も身につかないため、会社を成功させることができません。

　理想－現実＝課題は、

To be（理想）－ As is（現実）＝ Gap（課題）と表現されることもあります。

　ここで抽出された課題は、3つのカテゴリーに分けて考えます。

❶課題が大きすぎて、すぐに着手できない

❷課題が取るに足らず、無視できる、又は緊急性・重要性がない

❸課題化すべき重要性の高いテーマ

　❸に分類された問題を、優先順位をつけてアクション・プランに落とし込み、実行します。

❶は、対応不能

❷は、課題化すべきではない無視できるテーマ

　大きな「理想」を描ける会社であり、現状を「保守的」に評価し、多くの「課題」を抽出し、「優先順位」をつけて、「執念」で課題解決することが経営の基本です。

　目標設定には、課題化されたものが反映されます。課題化に失敗する会社は、目標設定そのものが間違ってしまうのです。

コラム

# 現実を理想に近づける会社、理想が現実に引っ張られる会社

　フランスの作家ポール・ブールジェ（1852-1935）はこう言いました。

「自分の考えた通りに生きなければならない。そうしないと、自分が生

　この言葉は目標と現実への向き合い方の本質を言い当てていると思います。

　会社においても、まずは理想を描き、ここに自社を近づけるためにはどうするのが良いかを試行錯誤して、理想に近づけることが成功する条件です（逆算方式）。

　その逆に、現状を中心に考え、ここからどこまで伸ばすかを計画するというアプローチもあります（積上方式）。

　多くの会社は、積上方式で経営を行うトラップに陥ります。

　しかし、現状から考えて起こせる変化は、改革ではなく改善レベルです。

　大きな理想を描かない限り、会社は変革しません。このような会社は結局、長期の会社のあるべき姿を企画する事業計画を作ることはできません。

　分かっていても行動できないのが人間です。誰もが理想を描く重要性は理解しています。

　しかし、日常の問題に忙殺され、多くの問題に対処するモグラたたきをしてしまいます。いつしか、理想は消え去り、日常の中に埋没するのです。

　経営者の最も重要な仕事は、社員がわくわくする理想を描くことです。

　大きな理想を描き、鉄の意志で現実を近づける逆算方式で経営しない限り、安易な積上方式の経営に陥るのです。

# 03.

## 予算は「成長期」に作られ、
## 中期事業計画は「成熟期」以降に作られる

　中期事業計画は、理想を描き、課題化し、解決していくプロセスです。

しかし、多くの中小企業では、中期事業計画が作られていません。

作っているとしても、業績が悪化して「衰退期」に入り、銀行からの融資を取り付ける目的で仕方なく行っている企業が見受けられます。これは、中期事業計画書のあるべき使い方ではありません。

衰退期になって作る事業計画の多くは、成長カーブを描く目標を設定しながらも、目標が達成できず、実績は下降し続けるという「鳥の羽現象（図5-2）」が起きます。

■ 図 5-2　鳥の羽根現象

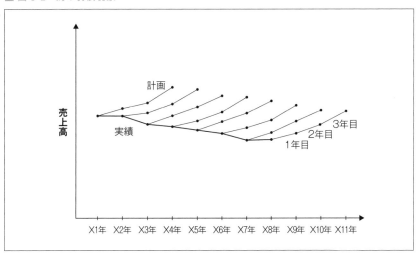

なぜ、多くの中小企業では、中期事業計画書が作られていないのでしょうか？

理由は、明白です。「作っても無駄だ」と考えるからです。

「どうせ作ったところで達成できない」

「作ったところで絵に描いた餅」

しかし、ある規模に到達した多くの中小企業には、中期事業計画書はなくても「予算」は作られています。これはなぜでしょう？

多くの場合、予算は「成長期」で作られます。

売上が伸びている成長期では、人繰り（人員計画）、金繰り（資金計画）が重要になります。当期の売上の予測値を事前に把握して、人や資金の手当てが必要となります。

この意味で、成長期の予算とは、「予測値」の意味合いが強く、積上方式で作られます。

この発想で予算を作り続けると、成熟期になっても過去の延長線上でしか考えることができず、イノベーションが遅れます。成長期では、「積上方式」で問題なくても、成熟期は「逆算方式」で考えなくてはいけません。

しかし、長い間、積上方式で考えていた企業は、簡単に変わることはできません。

また、積上方式の延長線上では、中期事業計画も意味をなさないのです。

中期事業計画書が作れるのは、あくまで「逆算方式」を経営に取り込んだ企業だけです。

逆算方式が分からなければ、事業計画書の意味ですら理解できないのです。

# 04.

## 達成される事業計画の3つの要件

紙の上で綺麗な事業計画書を書くことは、事業計画書を作るスキルさえあれば誰でも作れます。問題は、その事業計画書が「達成」されるかです。往々にして、経営企画室が作った事業計画書は「絵に描いた餅」になることがあります。

事業計画書は、社員が実行して初めて価値があるものです。実行されない事業計画書は、「良い意図があったに過ぎない」（P・F・ドラッカー）、「画竜点睛を欠く」ものです。

実行される事業計画書は、「社員の心」と結びつきます。これが、事業計画書の「魂」に当たる部分です。

達成される事業計画は、次の3要件が必要と考えています。

　　①事業計画の目標に、社員が「わくわく感」を持つこと

　　②達成できるという「確信」が社員にあること

　　③社員が「執念」で実行しようとすること

①わくわく感がない計画には、社員はついてきません。過去の延長線から対前年対比で予算を作れば、それが社員にとっては「労働強化」と感じます。

目標設定は、「会社は、社会の中で何を成し遂げるのか？」につながるコンセプトであり、究極的には経営者の価値観・理念・哲学の問題となります。目標設定にわくわく感がなければ、予算や計画は、単なるノルマと社員は感じます。

②確信度は、会社の戦略とリンクします。社員が会社の戦略が有効と確信すれば、わくわくする高い目標にも挑戦してみたくなります。

逆に、会社が策定した戦略が信じられなければ、高い目標は、所詮、「絵に描いた餅」であり、挑戦したところで手に入らないから、実行しても無駄と考えます。

一般に、わくわくする高い目標は、達成が困難であり、達成の確信度は低くなります。

逆に、達成可能性の確信度が高い目標は、達成が容易で、わくわく感のない低い目標となります。

①と②は、トレード・オフの関係になります。

特に、予算は、達成することが求められるため、社員は、より低い目標を設定したくなります。わくわく感より達成度を優先させたくなるからです。

このような予算を作ってきた企業には、いくら経営者が望んでも挑戦する文化はできません。

また、戦略はあくまでも「仮説」に過ぎず、設定した時点で確信しても、実行する中で見直しが必要になります。

中期事業計画の目標を変えるか否かも含め、戦略は定期的に見直す必要があります。当社では、半年に1回は定期的に中期事業計画を見直すことにしています。

見直しは、改めて大きな枠組みからブレインストーミングすることであり、より高い目標設定ができないかという観点で考える方が良いです。目標を下げるだけの見直しからは、アイデアは出てきません。

③信じるからこそ「執念」で実行するというのがポイントです。

頭の良い人は、「できるか、できないか」を分析してリスク等を考えて「やるか、やらないか」を判断します。「できない理由」は、いくらでも思いつくので、結局「やらない」を選択します。

これが、「分析屋」のトラップです。

これに対し、「企業家精神」を持った人は、「やるか、やらないか」からスタートします。ここに「やらない」という選択肢はありません。

そして、「できるまでやる」（永守重信氏：ニデック創業者）のです。
松下幸之助氏も「あきらめた時が本当の失敗」と言っています。

企業家精神を持った人間は、常に「挑戦」がテーマです。成功する過程での失敗は、真の失敗ではないのです。

経営は、「実行」が全てです。そして、実行には、「執念」が必要なのです。

なお、この実行については、第六章で詳しく触れることとします。

この3要素の欠けた事業計画書は、達成されることはありません。

達成されるか否かは、社員の心の問題でもあります。ここを無視すれば、

事業計画書は実行されることがないのです。

# 05.

## 予算策定のトラップ

事業計画がない会社でも、多くの会社には予算はあります。

予算策定の際に起こる誤りとして次のようなものがあると私は考えています。

（1）積上方式で作られている

①過去の趨勢の延長で考える

②前年の数パーセントの上昇をめざす

③部門別、商品別で積み上げた数字の合計を全社予算としている

④資金繰りがショートするリスクを考慮していない

⑤挑戦する要素がない

⑥達成するための戦略がない

⑦戦略に優位性の確信がない

⑧中長期のビジョンが反映されていない

（2）社員のモチベーションが上がらない

⑨わくわく感のない目標設定

⑩達成へのコミットメントがない

⑪時間をかけて戦略を実行しようとしている

①過去の趨勢の延長で考える

　成長期では、人員計画、設備計画などを成長に合わせて売上を予測することが重要です。そのため予算作成は、前年実績から考えてプラス数パーセント増加という形で作られることが多くあります。

　しかしこの方法は、短期目標の積み上げであり、長期ビジョンが反映されないことが多くあります。本来、予算は未来志向の中期事業計画の一部でなければならないのに、過去のトレンドの延長線上で作られるという概念的にちぐはぐなものになります。

②前年の数パーセントの上昇をめざす

　過去の趨勢で考えると、前年から数パーセント増加させた売上・利益予算が設定されます。過去の延長線上で考えるため、大きな目標設定ができません。

　また、市場の成長率がそれより高ければ、いくら売上を増加させたとしても、結果としてシェア率は下がってしまいます。

③部門別、商品別で積み上げた数字の合計を全社予算としている

　予算作成ソフトなどを使うと、部門の計画の合計と全社予算の合計が一致するように作られてしまいます。

　しかし、この方法では、未達部門があれば、他の部門が目標達成したとしても、結果として全社目標が未達になってしまいます。各部門と全社での整合性を優先されるとこのような結果になります。

　これを避けるためには、全社ベースで考える予算は予測値でも構いませんが、部門予算は挑戦目標にすべきです。当社では、部門合計した時に全社予算の1.3倍〜1.5倍になるような計画を作っています。

④資金繰りがショートするリスクを考慮していない

　予算は、損益計算書をベースに行われます。

　しかし、実際の経営では、キャッシュフローが重要です。社員には挑戦する目標設定が必要なものの、経営者自身は現実的に考えて資金繰りとリンクさせた予算を考える必要があります。つまり、社員には挑戦目標、経営者は、保守的に考えた財務状況を考慮すべきです。

　経営者の安全な予測目標と社員の目標を一致させれば、挑戦がなくなります。挑戦には、必ずしもお金はかかりません。社運はかけても、お金はかけないスモールスタートによる挑戦を心がける必要があります。

⑤挑戦する要素がない

　社員の心理として、予算を達成しないと評価に響くので、実現可能な予算を設定したくなります。社員が挑戦より達成を基準にして目標設定すれば、挑戦目標は設定されません。これは評価制度の問題でもあります。

　成果主義の評価は、達成度が重要になるため、社員はなるべく低い目標を設定します。これに対し、挑戦に重点を置けば、目標設定を高くしようとします。結果として、目標設定を高め、挑戦した人の方が良い結果が出ます。

⑥達成するための戦略がない

　予算を作る時は、最初から達成可能性を問いかけてはいけません。挑戦の要素がなくなるからです。

　しかし予算を作った後には、それをどう達成していくのかという戦略を描かなければ、まさに「絵に描いた餅」になります。

達成可能な戦略を考えると目標が小さくなります。逆に、目標を大きく持つことで新たな戦略が浮かびます。戦略は、目標を達成するための手段に過ぎません。達成可能な目標に戦略は必要ないのです。

⑦戦略に優位性の確信がない

　戦略には必ず優位性が必要です。競合他社との違いこそが戦略の要件なのです。

　また、戦略をイメージした上で、そこで予算が達成できるかを改めて考えることも必要です。達成できると確信するからこそ、社員は「執念」で実行しようとします。

　戦略に優位性がないと社員が思えば、誰も本気で実行しようとは思わないのです。

⑧中長期のビジョンが反映されていない

　予算は、中長期のビジョンから逆算して決めるべきです。

　過去の延長線上の積み上げでは、ビジョンが無視されます。結局、ビジョンは、形式的なものとなり、実務に反映することのない単なるお題目になるのです。

⑨わくわく感のない目標設定

　予算にわくわく感がなければ、そもそも社員のモチベーションが上がりません。

　一般に、社員にとって予算は楽しいものではなく苦しいものです。その中でも特に、次年度の予算を作るシーズンが陰鬱なものになりかねません。数字に対して、内心で社員が無理だと思っているような目標は、立てた段階から失敗しています。

⑩達成へのコミットメントがない

　いくら高い目標を設定しても、社員が達成にコミットしていなければ、実行されません。

　最終的には、社員の心の状態が結果に大きく影響を与えます。社員の心を読み、気持ちを考えなければいけません。形式的な目標設定をするのではなく、目標の意味、戦略の優位性を社員に理解させ、コミットメントを高める必要があります。

⑪時間をかけて戦略を推進しようとしている

　うまくいかないのが経営です。新しいことに挑戦しようとする掛け声はかけたものの、実際に行動しようとすると、通常は今までの古い習慣がしみついており、行動は変わらず、「忙しい」という理由で、先送りされてしまうものです。

　そして、その後には、「想定外の問題が起きた」等の未達になった言い訳だけが出てきてしまいます。

　予算を実行する段階で計画の前倒しで達成しようとする思考が重要です。

　私は、目標の半分の期間で達成するように業務を遂行してきました。ロケット・スタートして不慮の事態に備えることです。

# 06.

## 理想を描くことはリーダーシップの問題

　通常、計画や予算の策定というのは、「自分が何をしたいのか？」という問いかけからスタートします。しかし、これが失敗の第一歩につながることがあります。

　この問いから戦略を立案しても、自分のその時点での欲求を満たすレベ

ルで考えてしまい、大きな目標が描けない可能性があります。経営者の重要な役割の1つは、理想を描くことです。

この理想は、経営者の価値観・理念・哲学が反映します。

どんな理想を描くかは、教科書には載っていません。全て経営者が自由に決められるため、どんな理想を描いても良いですが、そこで「経営者の器」が試されます。

ここにリーダーシップの本質があります。

目標に対して、達成するための手段である戦略や組織を考えることは、「マネジメント」の問題ですが、目的や目標を設定する行為は、「リーダーシップ」の問題です。

社員は、小さな器の社長に付いていきたいとは思いません。社員が退職するのは、究極的には、社員が社長を見限ったからです。

# 07.

## 会社は今、どの状態にあるのか？
### - 事業ライフサイクル -

事業ライフサイクルを企業全体に当てはめて考えると、構造的な自社の課題を見つけることができます。

全ての企業は、イノベーションを起こさない限り、導入期→成長期→成熟期→衰退期のどこかに存在します。やがては、衰退期に入るのです。この流れに逆らうには、継続的にイノベーションを起こすしかありません。

全ての戦略には有効期限があります。どんなに良い製品も経営環境の変化、消費者の嗜好の変化、競合他社の参入などによって永久に売れる訳ではありません。

起業家が企業を立ち上げたところから、事業が軌道に乗るまでが「導入期」です。起業家の自らの力によって属人的成功を収める場合が一般的です。

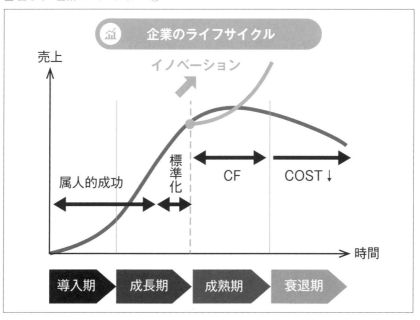

しかし、事業が拡大し、「成長期」に入ると社長1人では手が回らず、経験者である幹部に仕事を任せることになります。ただし、経験のある人間を継続的に雇うというのは難しいので、成長期の後半では、有能な経験者が不足し成長が鈍化していきます。

「成熟期」では追加投資が少なくなるため、成長期よりも利益やキャッシュフローはかなり良い数字となります。成長は鈍化していても儲かっているので、引き続き会社はうまくいっているように見えます。

ただし、成熟期で新たなイノベーションがなければ、やがて「衰退期」を迎え、利益やキャッシュフローが悪化し、「コストダウンの号令」がかかるようになります。

会社の中でコストダウンの号令がかかった時は、企業が衰退期に入った合図です。そして、キャッシュが底をついた時、会社は倒産します。

これを避けるためには成長期の終わりで、次の成長の種をまくことが必要です。

これが「イノベーション」です。

衰退期に入れば、誰でも危機感を持ちます。

しかし、この時点でイノベーションを企画しても、その頃は、沈みゆく船からネズミが先に逃げ出すように、変化に敏感な有能な人材が退職し、さらに改革のための資金も少なくなります。人や資金という経営資源が乏しくなっている状態では、多様な戦略を打ち出すことが困難となります。

衰退期に入らないためには、成長期の最後でイノベーションを行う必要があります。

ただし、これが難しいのは、成長期の後半では会社は成長を続けており、従来のやり方を変える必要性を社員が感じないのです。

また、成熟期に入っても会社は儲かり続けているため、安心感が組織に広がります。

しかし、イノベーションを怠れば、いずれ企業は衰退に向かうのが真実なのです。

# 08.

## ４つの時代と２つのイノベーション
## － 起業家クワドラント －

「起業家クワドラント（図5-4）」は、SECIモデル（一橋大学大学院野中郁次郎教授ら）をヒントに、私が企業のイノベーションを通じたスパイラル成長をするための仕組みとして考えたものです。

「起業家」によって会社がスタートするところから、このモデルは始まります。

■ 図5-4　起業家クワドラント

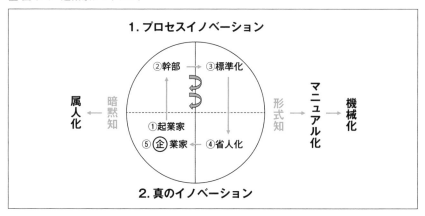

「企業家」によって2次元上は原点に返ってきているように見えますが、仮に3次元で図を書けば、弁証法的スパイラル成長をしていることを示しています。

このスパイラルが止まらない限り、企業は永続的に成長しますが、止まれば解体（M&Aによる売却）もしくは倒産します。企業の解体・倒産は、経営環境の変化に順応できず、イノベーションが追いつかなかった時に発生します。

①起業家により会社はスタートします。創業者のアイデア・知識・技術・経験によって、企業は生を享けます。ライフサイクルでは、導入期に当たる時期です。

次のステージでは、創業者の仕事を②「幹部」に任せ、業務を移管します。

創業者がアーティスト型で、人には任せられない特殊な才能を持っている場合、次の幹部の時代には移行できません。雇った社員も単なるアシスタントに過ぎず、実質、個人事務所として事業承継もできず生涯を終えます。企業の形態をとっていても、実質、創業者の生命そのものを投影した会社となります。

起業家が、自分の業務を部下に移管できると、幹部の時代に入ります。

ライフサイクルでは、**成長期の前半**がここに当たります。

ただし、幹部も創業者と同様に自らの知識・技術・経験によって仕事を行っており、①、②は**属人的に会社を成長**させるステージです。属人的な業務を行っているため、十分な知識・技術・経験を持った人材が採用できなくなると成長の陰りが見えだし、やがて成熟期に入っていきます。

なお、この幹部の時代では、様々な価値観が組織の中で現れるため、創業者は組織を1つの価値観でまとめる必要性に迫られます。ここで「**経営理念**」が必要になります。1つの理念の基で組織を一枚岩にしたくなるのです。これが「**理念経営**」の始まりです。

「**パーパスは何か?**」、「**ミッションは何か?**」、「**バリューは何か?**」と問いかけるのもこの時代に始まります。この時代において、創業者の生き方が「**自分中心**」から「**他人中心**」に転換され、人によっては、「悟り」・「開眼」の境地に達します。

マズローが晩年に示した「**自己超越**」の世界観が現れます。

創業者にとって、この「**気づき**」はあまりにも強烈です。

しかし、この強烈な**気づきが逆に業務の標準化を遅らせる原因**にもなります。

創業者の気づきは、「**個人の生き方**」にフォーカスされるので、**社員の自主性・主体性を重んじる**ようになります。結果として、組織は属人的なまま継続し、「**暗黙知**」中心の組織になります。

創業者がどこかの段階で、個人を中心にした世界観からの決別を図らない限り、企業は次のステージには進めないのです。ほとんどの中小企業は、この世界観から抜け出すことができず、混沌とした世界を彷徨(さまよ)い続けます。

私も実際に起業から約20年彷徨(さまよ)い続けました。強烈な「**気づき**」によって**引き込まれていく暗黙知の世界**から抜け出すことは容易ではありません。

逆に、2代目経営者など、そもそも「悟り」の境地に達することなく、かつ、経営理念を「建前」と心のどこかで認識して、**合理化経営を行う人**

には、このトラップに陥ることなく次のステージに入れる人もいます。

このトラップは、経営理念を制定した創業者特有のトラップなのかもしれません。

会社を継続的に成長させるためには、「暗黙知」の世界から「形式知」の世界に入る必要があります。③「標準化」を考えるステージです。

属人的だった仕事を、そこまで知識・技術・経験のない社員でもできるようにすること。業務をマニュアル化し、部下が上司と同じレベルで仕事ができるように再現性の高い仕組みを作ることが要求されます。

ここで問題になるのが、多くの会社が一度は標準化を進めようとトライはするものの、結局うまくいかず、②の領域に舞い戻ってしまうということです。

標準化とは、言葉で言えば簡単ですが、多くの中小企業がこれに失敗しています。

「頭では分かっていても、体は動かない」のです。

標準化ができないのは、経営者と幹部に問題があります。

第一が、経営者が、社員の自主性・主体性を重んじることにより、結果として業務が属人的になります。

「うちの仕事は、標準化ができるような簡単な仕事ではない」と経営者が心底信じ込んでいる時は、経営者の思考が企業の成長をストップさせます。

また、属人的に仕事を行っている幹部の思考にも問題が発生することがあります。

標準化を行うことは、経験者が培ったノウハウを会社に帰属させることを意味します。これは、個人のノウハウを組織のノウハウに変えることです。

これまで自身の知識・技術・経験によって会社に貢献してきた幹部にとって、標準化を進めることは、貢献手段を手放すのと同然です。無意識に標

準化に抵抗を示し、「自分の仕事は高度・複雑で、標準化をすることなんてできない」と思います。

　会社で標準化の号令がかかっても、結局は、「現業が忙しいから」などと言って先送りします。個人にとって標準化など何のメリットもない「余計な仕事」なのです。

　これを防ぐためには、トップの強いリーダーシップが必要になります。

　②「幹部」の時代から ③「標準化」のフェーズに転換することを、私は「プロセス・イノベーション」と呼んでいます。イノベーションとは、「今との決別」を意味し、中途半端な気持ちで達成できるものではありません。

## コラム

# 大野耐一氏に学ぶ標準化の本質

　「トヨタシステム」は、豊田喜一郎氏から薫陶を受けた大野耐一氏が鬼軍曹として強烈なリーダーシップを発揮して初めて軌道に乗せたものです。このような精神力が無ければ、絶対に失敗します。中小企業は、標準化を目指しながら何度も挑戦し、挑戦した数だけ失敗を繰り返しているのです。

　当社も長きにわたり、業務の標準化を目指しましたが、最初の10年は、模索と失敗の連続でした。最後は、「私が大野耐一になる。人に任せてはダメだ！」と思い、毎晩21時より全世界の主要メンバーをオンライン上で招集し、約20人以上で標準化プロジェクトを進めています。

　週2日から始まりましたが、「これでは遅すぎる」と思い週7日に変更、現在は週5日で開催しています。

標準化を目指す会議も3年ほど続けていたら生産性も上がり、成果が出てきました。

　結果が出るようになると、社員も理解してくれるようになります。逆に、結果が出ない間は、社員も半信半疑なのでトップのリーダーシップが試されます。

　これを聞けば、当社は完全な「ブラック企業」と思われるかもしれませんが、この時期を通過できなければ、中小企業が「ホワイト企業」になることはできないと思っています。この時期をともに過ごした仲間は、真の同志になります。

　当然、それに反対する社員は、「袂を分かつ」ことになりますが、私は信念を曲げずにやりました。今では、この「夜会」も社員が自主運営してくれるようになりました。

　「標準化」の時代は、非常に不安定な時期です。すぐに「属人化」に戻ってしまいます。

　標準化を成功させるためには、標準化の先にある生産性の向上により、より少ない人員で仕事ができる④「省人化」の領域をイメージし、一気に駆け抜ける必要があります。

　努力すれば、必ず成果が出ることが分かるのなら誰でもできます。

　どんなに努力しても成果が本当に出るか分からない状態で、努力できるのかが試されるのです。「暗闇を全力疾走」することが要求されます。暗闇を走るのは、転ぶリスク、何かにぶつかるリスクを考えれば、誰もが怖くて簡単に走れるものではありません。

　しかし、経営は、不確実性の中で努力が要求されます。疑心暗鬼になれば、何もできません。リーダーの真の役割は、社員に会社の方針を信じさせ、本当に成果が出るのか分からない状態で、暗闇を全力疾走させることなのです。

　多くの知識・技術・経験を持った人にとって標準化は余計な仕事かもし

れませんが、これを徹底すれば、やがて自分の仕事を部下に任せることができるようになり、仕事が楽になって余裕が生まれます。

多くの会社にとって、「人件費」は、主たるコストです。「省人化」を進めることができれば、同業他社よりも圧倒的に高い利益率を実現できるようになります。

高い利益を上げることができれば、優秀な人材を採用し、社員の給料も高められ、人材の定着が進み、さらに生産性が高まる好循環を生みます。このスパイラル成長ができると、競合他社には負けません。

自社にとって簡単ではないことは、競合にとっても簡単ではありません。やり抜いた企業だけが圧勝できるのです。

標準化を進めている段階では、どのような成果が出るのか多くの社員はイメージができません。いつ終わるかも分からない標準化プロジェクトに付いてこられない人も出ます。重要性が高い業務と頭では分かっていても、自分の緊急性の高い業務が優先され、結局、標準化は先送りされます。緊急度を中心に業務を組み立てている限り、重要性の高い業務は先送りされるのです。

本来、緊急度が高い業務は、未来に関する業務ではありません。それを自分が手離れできないのは、「職人のトラップ」にハマっているからです。そもそも、自分でなければできない業務など、世の中には存在しません。「自分にしかできない」と思うのは、単なるエゴです。

「省人化」のステージに達すると企業は、中小企業から抜け出し、大企業になる準備が整います。「中小企業だからできないのではなく、できてないから中小企業」なのです。

このステージをやり抜いた企業が「大企業」になったに過ぎません。

「標準化」、「省人化」は、あくまで現業を対象にしたものです。

しかし、どんなに良い戦略であっても有効性が永遠に続く訳ではなく、全ての事業にはライフサイクルがあります。現業のみにこだわっていて

は、企業はやがて「衰退期」を迎えます。それを避けるためには、「真の
イノベーション」が必要になります。

　これは、企業の中で特定の個人が「企業家精神」を持って何か新しいこ
とを始めることが必要になります。成功体験である形式知の世界から再び
暗黙知の世界に入ることを意味します。

　ここでは①「起業家」ではなく、⑤「企業家」という言葉を用いています。
起業は創業者にしかできませんが、「企業家」には誰でもなれます。代
表取締役になるのも、自分で会社を作って登記すれば誰でもなれます。

　しかし、本当の企業家になるためには、「企業家精神」と「実践」が必
要になります。

　著者になるのか「作家」になるか。建築士になるのか「建築家」になるか。

　イノベーションを起こした人間だけが、経営者ではなく「企業家」にな
れるのです。

　「起業家」の時代と同じように、新規事業を立ち上げた後は、幹部に任
せて事業を成長させ、標準化・省人化を目指してプロセス・イノベーショ
ンを行い、また次に企業家として新しいものに挑戦していきます。このス
パイラル成長が、企業の成長の本質です。

# 09.

## 二兎を追う経営
## － 両利きの経営の重要性 －

　ライフサイクルの変化は、自社を取り巻く環境の変化も大きく影響します。

　近年では、経営環境の変化スピードは以前よりも増しています。

　Volatility（変動性）、Uncertainty（不確実性）、Complexity（複雑性）、
Ambiguity（曖昧性）の頭文字をとって、「VUCAの時代」とも言われます。

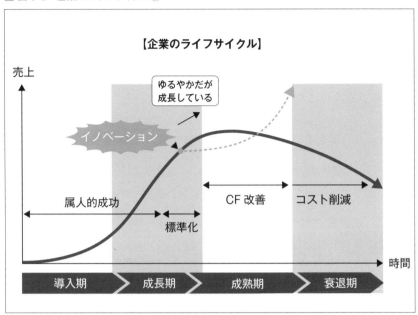

このような状況では、事業が陳腐化するスピードも速くなります。

それに対応するためには、**イノベーション**を成長期の最後ではなく、「**成長期の半ば**」から起こす発想も必要です。実際にイノベーションを起こすには時間がかかります。

また、自社のメイン事業がいつ成熟期・衰退期になるかも想定できません。

経営環境の激変は、予想を超えて、自社のメイン製品・サービスを陳腐化させ、事業が衰退していく可能性があります。気づいた時にイノベーションを起こそうと考えても、「時既に遅し」となる可能性があります。

この考え方を起業家クワドラントで考えると、既存事業の標準化を進めるのと同時に、新規事業を立ち上げる必要があるということです。これが「両利きの経営」（スタンフォード大学経営大学院教授チャールズ・A・オライリーら）の考え方です。

・既存ビジネスはより効率化を目指し生産性を高めていくこと
（深化・プロセスイノベーション）

・自社をさらに成長させる新規事業を企画すること
（探索・真のイノベーション）

　この2つを同時にすることが両利きの経営です。

　自社の既存事業を深化させることの方が一般的には楽なことです。

　しかし、過去の成功体験にしがみつく「サクセストラップ」にハマって、企業は真のイノベーション（探索）を怠ります。

　どんなに現業が忙しくてもイノベーションについて考え続けることを経営者は怠ってはいけません。

コラム

# 両利きの経営　- 私のケース -

　当社は、2006年から中国進出を皮切りに国際事業をスタートさせました。

　これは、2004年に派遣事業を開始してわずか2年後のことで、派遣事業はまさに急成長している最中でした。社内では、「なぜ既存事業で売上や利益が成長しているこのタイミングで海外進出なのか」という声もありました。

　しかし私はアクセルを緩めずに、「これからは国際事業を事業の柱にする」という信念を貫いたのです。

　日本の人口動態を考えれば、人の数に頼る派遣事業がいずれ衰退するの

は、「既に起きた未来」に過ぎません。

　（実際、2023年、当社は派遣事業から実質撤退せざるを得なくなりました。私の予想を超えて、事業モデルが陳腐化したのです。）

　2008年のリーマンショックを皮切りに派遣事業を取り巻く環境は一変しました。

　多くのスタッフが派遣先から契約終了で社内に戻ってきました。一時は事務所が人であふれかえり、売上は最盛期の3分の2に減少しました。

　しかし、中国事業は失敗したものの、その後インドに進出し、派遣事業が落ち込んだタイミングで国際事業がようやく成長期に入り、徐々に売上高が回復していくことになります。

　国際事業の立ち上げを行っていなければ、当社は急速に衰退期に入っていたと思います。

　既存事業を引き続き成長させながら、新規事業も同時に立ち上げる、まさに「両利きの経営」の実践が功を奏したのです。

# 10.

## キャッシュフローとPPM
## （プロダクト・ポートフォリオ・マネジメント）

　「両利きの経営」のコンセプトを、ライフサイクルとキャッシュフロー、そして製品や商品、事業の戦略構築に用いるフレームワークである、PPM（プロダクト・ポートフォリオ・マネジメント）とリンクさせて考えてみます。

　図の縦軸の市場成長率はキャッシュアウトの大きさ、横軸のシェア率はキャッシュインの大きさとみることができます。

　ライフサイクルにおける導入期では、シェアがまだ低い「問題児」（キャッシュアウト＞キャッシュイン）です。新しい製品・サービスを世の中に出

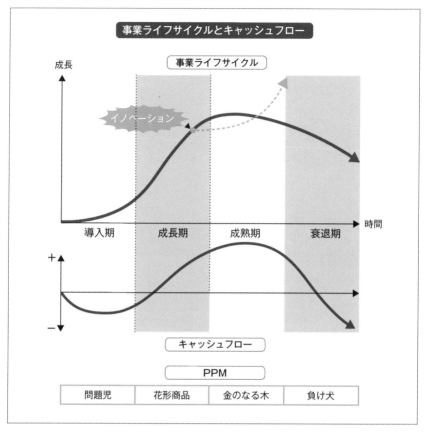

すためには、開発費・広告費がかさみます。

　成長期に入るとシェアが拡大していく「花形商品」（キャッシュイン＞
キャッシュアウト）となります。成長期は、追加投資が必要な時代なので、
売上は増加しますが、キャッシュは追加投資に回されるので多く残りません。

　成熟期は成長が鈍化していくものの追加投資がなく、「金のなる木」
（キャッシュイン＞キャッシュアウト）となります。売上の成長は大きく
ありませんが、キャッシュが残るため、非常に経営は安定します。この成
功体験が、イノベーションを先送りするというトラップにつながります。

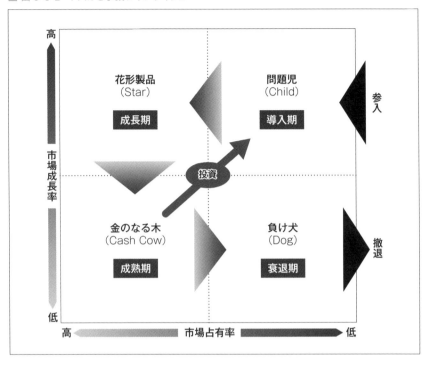

衰退期は低成長とともにシェアも下がっていく「負け犬」（キャッシュイン＜キャッシュアウト）になります。この領域に入ると、事業売却か撤退かを迫られます。

当社も福岡支社の撤退、中国市場からの一時撤退、派遣市場からの撤退を経験してきました。

イノベーションとは、ここでいう「問題児」つまり導入期から始まります。

この領域の事業が全くない、つまり赤字事業がない企業は、イノベーションが起きていないことを意味します。新規事業は、赤字からスタートするものであり、部分的な赤字を嫌う経営者は、挑戦もできないのでイノベーションが起こせません。

ただし、赤字といっても資金繰りに影響を及ぼすような大きな赤字は問

題外です。

　新規事業は、あくまでも「スモールスタート」で行うことがポイントです。
　小さく始めた新規事業の成功の兆しが見えた段階で投資をし、「花形商品」（成長期）に持っていくことです。投資のタイミングが早すぎると資金繰りが急激に悪化し、遅すぎると競合にシェアを奪われます。

　現在「金のなる木」（成熟期）となっている事業は、どんなに成功しているように見えても、いずれ製品・サービスが陳腐化し、「負け犬」（衰退期）に変わると思うことです。

　撤退の意思決定が遅れるのは、その事業が祖業であったり、功績のあった経営者が始めた事業であったりする場合です。Ｐ・Ｆ・ドラッカーは、撤退に迷った時は、「"今からもう一度、その事業を開始したいと思うか？"を自分に問いかけ、答えが否なら撤退せよ！」とアドバイスしています。

　導入期・成長期・成熟期の3つの領域にバランスよく事業を配置することが継続的にイノベーションを会社の中で起こす仕組みができ上がっている状態といえます。

　お金の観点でいうと、成熟期ではキャッシュフローが良い状態なので、ここで貯めたお金を、新規事業に投資して「問題児」を生み、育てることです。

　成熟事業である「金のなる木」は、追加投資がいらないため、ここから得られたお金は、自由に使えるお金（フリー・キャッシュフロー）となります。

　このキャッシュフローの範囲で投資をするのなら、銀行からの新規借入（財務キャッシュフロー）は、必要ありません。スモールスタートが推奨されるのは、多くの問題児が育たず消滅するためです。

　本当に良いアイデアで、しかも多くの投資が伴うと思うのであれば、お金は銀行からではなく、ベンチャーキャピタルやエンジェル投資家から集めるべきです。これは、自己資本であるため、銀行から借入れるよりもリ

スクがありません。

「負け犬」（衰退期）となった事業については、事業売却によって一部でも投資回収をするか、事業清算によって赤字によるキャッシュアウトを止めることが原則です。

PPMによる分析は、「両利きの経営」と相性が良く、イノベーションは、事業が成長している最中でも企画し推進していくことが望まれることが分かります。

かつてこのメソッドで大成功した企業が、ジャック・ウェルチにより率いられたGEです。この時のGEは、社内でイノベーションを起こすというより、M&Aによる買収・売却で事業ポートフォリオを作るというものでした。

現在のソフトバンクも同じコンセプトで事業運営が行われています。

# 11.

## イノベーションは
## ミドルマネジメントがカギを握る！

多くの中小企業では、社長だけがアイデアマンで、新規事業を考えて行動しています。イノベーションできるか否かは、全て社長のアイデア次第です。

しかし、社長のアイデアに従って新規事業、イノベーションを起こそうとしても、実行する段階になれば、幹部から「忙しい、人がいない、時間がない」という発言が出ることがあります。結局、実行も社長がやらざるを得ないのが中小企業の悲哀です。

社長が若く元気なうちは、これでも良いかもしれませが、これでは、経営の要諦であるイノベーションの仕組み化ができていません。幹部から新規事業等のアイデア、戦略提案がなされる「ボトムアップ経営」がイノベー

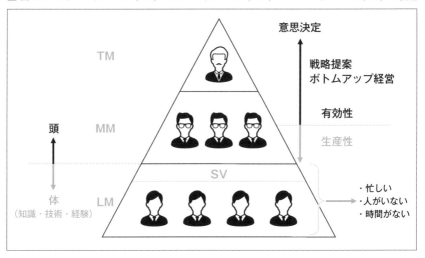

ションの仕組み化になります。

　経営は、トップダウンが原則ですが、トップダウンだけでは、経営が社長1人に頼っている状態です。幹部からのボトムアップにより補完されることが重要です。

　組織は、トップマネジメント（TM）、ミドルマネジメント（MM）、ロワーマネジメント（LM）の3つの階層からなります。

　LMはお客様から注文をもらい、物を作り、納品し、お金を回収するというサイクルを繰り返すことが仕事になります。

　基本的には、その業界の知識・技術・経験が必要で、時間を使う業務になります。つまり、「体」を使う業務となるため、この業務を行う人は「忙しいという発想」に陥り易くなります。

　一方で、TM・MMは「頭」を使う仕事です。
　TMは通常、社長であり、「意思決定」が仕事です。

　では、MMの役割は何でしょうか？　MMには、大きく2つの役割があ

ります。

　第1は、LMに対して標準化を進めて生産性を上げる役割です。これは、LMの中のスーパーバイザー（SV）とは、大きく異なります。SVは、あくまでオペレーションそのものの管理であり、始まりと終わりのある世界です。

　これに対してMMのLMに対する管理には、始まりも終わりもありません。傾向をつかみ傾向を変えることが仕事です。LMに対して、生産性を高めるために業務を標準化させ、マニュアル化して、知識・技術・経験の乏しい人間でも早く仕事ができるようにすることが仕事になります。これは、「プロセス・イノベーション」にもつながります。

　第2は、TMに対して行われるものです。経営者の意思決定をサポートすること、アイデアを出し、戦略提案することが仕事です。これが「ボトムアップ経営」の本質であり、「真のイノベーション」につながる部分になります。

　しかし、多くの中小企業ではこのTMだけでなく、MMまでを社長が1人でやっているのが実情です。社長がスーパーマンのように活躍しています。社長が下に降りなければ情報が上がってこない、また、下から意思決定に必要な情報が上がってこないこともよく起きます。

　なぜそうなるのか？

　原因は、MMをやるべきマネージャーが、プレイングマネージャーと称してロワーマネジメントのSVポジションを取っているからです。

　SVポジションは、大半の時間をスタッフに対するフォローやサポートに費やし、恒常的に「忙しい」という状態に陥ります。

　マネージャーは、部下より知識・経験・技術が高く、「自分がやった方が早い」、「まだ、部下が育っていないので自分が入らざるを得ない」と考えがちです。

　仕組みを作るのが本来のマネージャーの仕事にもかかわらず、これは先送りされ、自分が業務に入って、仕事をしている気になっているのです。

幹部から「忙しい」という言葉が聞こえるのであれば、本来のMMの役割ができていないと考えるべきでしょう。

# 12.

## 戦略の3つのコンセプト

真のイノベーションをするには、新たな戦略の構築は欠かせません。

戦略を考えるに当たり、自社の業種にどんな特徴があるかを考えてみましょう。

①ベンチャー型

②下請型

③地域密着型

①ベンチャー型は、他社との差別化を追求し、新しい価値を社会に創造し提案していくスタイルです。このパターンでは、戦略の優位性が重要になります。後発のスタートアップ企業などは、差別化された戦略がなければ、事業を立ち上げて市場シェアを高めていくことはできません。

②下請型は、組織の知識・技術・経験にフォーカスします。部品メーカーなどの製造業の多くはここに当てはまります。高品質・低コスト・短納期といった目標を掲げ、他社よりも高い品質の製品を安く、早く作るように取り組みます。

ただし、それは顧客から発注されるものを忠実に提供することがメインとなり、競争は激しく、また製品やサービスの価格決定権を自社が持ちにくいという側面もあります。

③地域密着型は、特定地域のシェア率がポイントになります。

飲食店、医院、理髪店、不動産業などは多くがここに当てはまります。一方で、大型スーパーの登場で、地域の商店街が壊滅するという事例のよ

うに、地域の境界を越えて競争にさらされるというリスクもあります。

　大半の企業は、②下請型、③地域密着型に属しています。

　しかし、どちらに属していても、**ベンチャー型のコンセプトを持たなければ、戦略構築が弱く**なり、競合との競争に勝てません。

　例えば、飲食店であれば、ブランディングを行い、多店舗展開し、フランチャイズ展開を行うという考えを持てば、特定地域を超えたベンチャー型の戦略が構築できます。

　自社の戦略が、業種の属性に影響され、無意識に思考の壁にぶつかっていることを理解できれば、より大きな絵が描けるため、戦略も新しい発想法で考えられるようになります。

## コラム

# 地域密着型をベンチャー型と
# 組み合わせて差別化した

　私が属する会計事務所業界は、典型的な地域密着型ビジネスです。
　ここでは、自分が属する地域でのシェア率が重要であり、ビジネスをスタートすることは、最後発から始めることを意味します。

　事業を始めて3年が経った時、合同就職説明会でブースを出すことにしました。

　私は、お金がなかったので、最も安い2人掛けの小さなテーブルで学生が訪れてくれることを待ちました。
　しかし、多くの学生は私の小さな会計事務所に見向きもしてくれませんでした。

ふと、後ろを振り返ると、大手監査法人や大手会計事務所が8人掛けのブースを確保し、そこには、学生が長蛇の列を作っていました。

　それを見た時、「この先30年間、今の仕事をどんなに頑張っても、あのような事務所にはなれない」と思い絶望感に打ちひしがれました。

　この時の強烈な思いは、私の企業家精神をかき立てました。

　「コンサルタントをやっていてはダメだ、どうすれば企業家になれるのか？」自問自答を繰り返しました。しかしながら、企業家になるアイデアが簡単に出る訳ではありません。

　できることは、考え続けることだけでした。

　そして、あるIT企業の社長との出会いがきっかけとなり、経理スタッフの派遣を思いつき、数年で社員が6人から一気に400人を超えたのです。これは、会計事務所と経理派遣という組み合わせによって、地域密着ビジネスをベンチャー型に変えることを意味しました。

　世の中に全くない新しいものを発見することは、非常に難しいですが、既に世の中に存在するものでも、組み合わせによって新しいものが作れるのです。

# 13.

## 失敗が許される文化とは？

　事業計画には挑戦の要素が必要ですが、挑戦には失敗がつきものです。

　あなたの会社は、「失敗が許される会社」でしょうか？

　一般に、挑戦は、未来の事業や仕事に対して行われるものなので、失敗しても今の顧客に迷惑はかかりません。

　しかし、挑戦しないで起こす失敗は、既存顧客に対するミスなので、顧客に迷惑をかけるため、許されるものではありません。誰にも迷惑がかか

らない挑戦による失敗は、どんな企業でも許されます。

ユニクロの創業者である柳井正氏も「1勝9敗」と言っています。

松下幸之助氏も「あきらめた時が、本当の失敗」と言っています。

このように、経営者は、挑戦には失敗がつきものであることを知っています。失敗してもあきらめずに挑戦を続けていればいつかは成功すると考えています。

多くの経営者は、挑戦による失敗をむしろ推奨しています。

しかし、多くの社員は、「失敗が許されない」と思っています。

それは仕事でミスをして怒られた経験があるからです。ここでいう失敗は、既存顧客に関わるもので、どんなに失敗が許される会社であっても、既存顧客に関する業務での失敗は許されません。

社員が「失敗が許される会社か否か」を考える時、「企業風土」が大きく影響します。企業風土は、業態の属性も影響します。

自社が、ベンチャー企業であれば、挑戦が当たり前で、「失敗の許される企業文化」が形成されます。

対して、下請企業と思えば、特定の顧客に製品を提供しているため、「失敗の許されない企業文化」が形成されやすくなります。

実際に自社が下請か否かは関係ありません。ベンチャースピリットを持っているかが重要です。これが「企業家精神」につながる思考です。下請企業でもベンチャースピリット、企業家精神があれば、「失敗の許される企業」になります。

社員が挑戦しないのは、企業家精神が養われていないことが原因です。

## 事業計画書は部下が作って発表会をする

当社では、年に2回、一泊二日の泊まり込み社員研修会を2005年から続けています。ここでは、各クループが新規事業や業務改善の発表会を行っています。

これを実施するために、部門の垣根を越えた8名程度からなるグループが作られ、半年間かけて発表会の内容が練られます。このグループ会に活動予算もつけています。

また、幹部は、事業部ごとの事業計画を発表します。

私はそれを聞く係なのですが、計画に「挑戦があるか」をチェックしています。

私がいつも考えていることは、「売上を2倍にするには、何をすべきか?」です。大きな目標を掲げて初めて、新しい発想法、戦略に出会えます。

事業方針も含めて、社員が考え、発表する場を与えれば、社員も考える習慣ができます。「ボトムアップ経営」にするための制度です。

私のようなオーナー経営者は、ワンマンで専制型リーダーシップをとることがよくあります。中小企業は、トップの役割が圧倒的に大きいといえます。

だからこそ意識的にボトムアップの仕組みを作らなければ、社員は、益々、指示待ち、受け身になっていきます。

# 14.

## 事業計画の作り方

　実際に事業計画を社員が作る方法論を考えていきます。

　重要なポイントは、事業計画案を考えるのは、社長1人ではなく、幹部を巻き込んで行うことです。

　人間は、誰かに与えられた目標よりも、自ら企画して設定した目標の方が達成に向けて行動しやすいものです。事業計画を策定する過程にも幹部を参加させて、実際にブレインストーミングしながら作っていく方法が良いと考えます。

　計画に先立ち、挑戦する文化づくりやベンチャースピリットを養うためにも、「会社が何のために存在し、何を目指すのか」という経営理念やビジョンから考えていくことが大切です。

　通常、会社の経営理念やビジョンを考えるのは経営トップです。

　しかし、それを浸透させる役割は、幹部が負っています。経営理念は、非常に簡単な誰でも分かる言葉で書かれていますが、真にその意味を理解することは難しいといえます。

　毎日、唱和させてもその意味は理解されません。作成者が思考したプロセスを同じように思考させる必要があります。

　そのためには、幹部に「もし、あなたが経営者ならどんな経営理念・ビジョンを作るか?」を問いかけ、自らが会社の理念やビジョンを自分の想い・言葉で表現させることが最初のスタートです。

　「なぜ、今の経営理念が作られたのか?」、「自分が作った経営理念と何が違うのか?」を考える必要があります。

　理念・ビジョンを幹部が自ら考えることによって、主体性が生まれます。与えられた目標や戦略が実行されない、主体性がないと社長が感じるのは、事業計画を作るプロセスに深く幹部を関わらせていないことが原因の

1つと思います。

■ 図5-8　事業計画書の構造

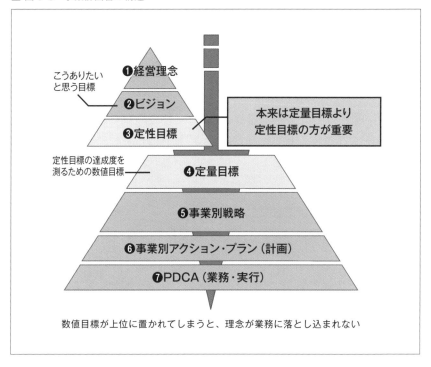

事業計画書は図のような構造で考えることができます。

❶経営理念

❷ビジョン

❸定性目標

❹定量目標

❺事業別戦略

❻事業別アクション・プラン（計画）

❼PDCA（業務・実行）

❶**経営理念は、企業の目的**です。数十年単位で見ると、理念そのものも
時代の変化に合わせて変えていく必要が出てくるかもしれませんが、
基本的には中期事業計画で考える時の普遍的な会社の存在理由になり
ます。**パーパスやミッション**という言葉で表現されることもあります。

❷**ビジョン**は、経営理念を実現するために、**一定の時点でどうありたい
かという具体的な姿**を示します。基本的に理念は顧客や社会に対して
の在り方を示すものであり、ビジョンは目的を具現化させた姿として
示すものとして策定します。

❸**定性目標**は、理念やビジョンにつながる、「どのような価値を顧客に
対して与えていくのか」を言語化したものです。ミッション（❶）・
ビジョン（❷）と合わせて、**バリュー**と表現されることもあり、**行動
指針やクレド**といった形で示す企業もあります。

❹**定量目標**は、5年後、10年後の目標を、売上高・利益額・従業員数な
どの数値で表したものです。この数値が具体的な**予算**にもつながりま
す。単年度予算しか作っていない会社は、過去の延長線上でしか考え
ず、事業計画と予算がリンクしません。事業計画と予算をリンクさせ
るため、**2年分の目標数値を予算化する「久野式8マス利益計画書」**
を用いて設定することをお勧めします。

❺**事業別戦略は、定量目標を達成していくための具体的手段**です。これ
は、競合との比較優位性が必要で、**優位性が持続するほど良い戦略**で
す。単なる値下げ戦略は、最初にインパクトがあっても競合に追随さ
れれば、誰も勝者がいなくなり、疲弊するばかりとなります。

❻**アクション・プラン**は、戦略を実行に移していくための詳細な行動計
画です。**5W2H**（When、Where、Who、What、Why 、How、How
much）まで行動計画を作り込んでいくことがポイントです。

❼**PDCA**は、実際に❻までの計画を作った後、実行され、結果が検証
され、**改善行動**を繰り返していくことを示しています。このPDCAサ

イクルをマネジメントシステムとして各階層で回していくことが重要です。

詳細は次の第六章で解説します。

# 15.

# 久野式 8 マス利益計画書
## － 2 カ年予算 －

中期事業計画書を作った後、実際に詳細の目標設定を予算のレベルで行います。

ここでは、私が考案した「久野式8マス利益計画書」を説明します。

■ 図 5-9　久野式 8 マス利益計画書

| 項目名 | 年間目標 | | 翌年目標 | | | | 1 月 | | | | 2 月 | | | |
|---|---|---|---|---|---|---|---|---|---|---|---|---|---|---|
| | 金額 | 比率 | 金額 | 比率 | | | 前年 | 目標 | 実績 | 翌年 | 前年 | 目標 | 実績 | 翌年 |
| 売上高 | 2,000 | 100.0% | 2,500 | 100.0% | | 単月 | 130 | 150 | 153 | 200 | 120 | 150 | 148 | 200 |
| | | | | | | 累計 | 130 | 150 | 153 | 200 | 250 | 300 | 301 | 400 |
| 変動費 | 1,000 | 50.0% | 1,200 | 48.0% | | 単月 | 72 | 75 | 76 | 95 | 65 | 75 | 76 | 96 |
| | | | | | | 累計 | 72 | 75 | 76 | 95 | 137 | 150 | 152 | 192 |
| 限界利益 | 1,000 | 50.0% | 1,300 | 52.0% | | 単月 | 58 | 75 | 77 | 105 | 55 | 75 | 72 | 104 |
| | | | | | | 累計 | 58 | 75 | 77 | 105 | 113 | 150 | 149 | 208 |
| 人件費 | 580 | 29.0% | 620 | 24.8% | | 単月 | 50 | 51 | 51 | 53 | 50 | 49 | 51 | 53 |
| | | | | | | 累計 | 50 | 51 | 51 | 53 | 100 | 100 | 102 | 106 |
| その他経費 | 200 | 10.0% | 230 | 9.2% | | 単月 | 18 | 17 | 18 | 18 | 18 | 17 | 18 | 18 |
| | | | | | | 累計 | 18 | 17 | 18 | 18 | 36 | 34 | 35 | 36 |
| 固定費計 | 780 | 39.0% | 850 | 34.0% | | 単月 | 68 | 68 | 69 | 71 | 68 | 66 | 69 | 71 |
| | | | | | | 累計 | 68 | 68 | 69 | 71 | 136 | 134 | 137 | 142 |
| 営業利益 | 220 | 11.0% | 450 | 18.0% | | 単月 | ▲10 | 7 | 8 | 34 | ▲13 | 9 | 3 | 33 |
| | | | | | | 累計 | ▲10 | 7 | 8 | 34 | ▲23 | 16 | 12 | 66 |
| 営業外収益 | 10 | 0.5% | 10 | 0.4% | | 単月 | 1 | 1 | 0 | 1 | 0 | 0 | 0 | 0 |
| | | | | | | 累計 | 1 | 1 | 0 | 1 | 1 | 1 | 0 | 1 |
| 営業外費用 | 30 | 1.5% | 40 | 1.6% | | 単月 | 3 | 2 | 3 | 3 | 3 | 2 | 4 | 3 |
| | | | | | | 累計 | 3 | 2 | 3 | 3 | 6 | 4 | 7 | 6 |
| 経常利益 | 200 | 10.0% | 420 | 16.8% | | 単月 | ▲12 | 6 | 5 | 32 | ▲16 | 7 | ▲1 | 30 |
| | | | | | | 累計 | ▲12 | 6 | 5 | 32 | ▲28 | 13 | 5 | 61 |
| 損益分岐点比率 | | 80% | | 68% | | | 121% | 92% | 94% | 70% | 125% | 91% | 97% | 71% |
| 労働生産性 | | 1.7 | | 2.1 | | | 1.2 | 1.5 | 1.5 | 2.0 | 1.1 | 1.5 | 1.5 | 2.0 |
| 変動費率 | | 50% | | 48% | | | 55% | 50% | 50% | 48% | 55% | 50% | 50% | 48% |
| 経常利益率 | | 10% | | 17% | | | -9% | 4% | 4% | 16% | -11% | 4% | 2% | 15% |
| 1人当たり売上 | | 33 | | 42 | | | 2.2 | 2.5 | 2.6 | 1.8 | 4.2 | 5.0 | 5.0 | 6.7 |
| 1人当たり限界利益 | | 17 | | 22 | | | 1.0 | 1.3 | 1.3 | 0.5 | 1.9 | 2.5 | 2.5 | 3.5 |
| 1人当たり経常利益 | | 3 | | 7 | | | ▲0.2 | 0.1 | 0.1 | 133% | -0.5 | 0.2 | 0.1 | 1.0 |
| 前年対比売上率 | | 120% | | 125% | | | 94% | 115% | 118% | 133% | 102% | 120% | 120% | 133% |
| 1人当たり顧客数 | | 7 | | 9 | | | 5 | 6 | 7 | 7 | 6 | 6 | 6 | 7 |

［注記］社員を 60 人とした場合

この計画書は、**2年後の目標**まで予算化させて考えることが一番の特徴です。

ラグビーでは、「**1メートル先をタックルせよ**」といいます。1年後の目標に向かって進んでも突破できず、途中で失速する可能性があります。

当期の目標を達成したければ、その先にあるもう1年先の目標を突破するつもりで計画し、行動することが重要です。そうしないと、不慮の事象が発生し、それが「できない理由」とされがちです。計画は往々にして未達で終わるものです。

2年後の数字を今年達成する勢いで行わなければ、今年の数字も達成できないのです。

| 12月 | | | | 年度累計 | | | |
|---|---|---|---|---|---|---|---|
| 前年 | 目標 | 実績 | 翌年 | 前年 | 目標 | 実績 | 翌年 |
| 145 | 200 | 185 | 225 | - | - | - | - |
| 1,670 | 2,000 | 1,980 | 2,500 | 1,670 | 2,000 | 1,980 | 2,500 |
| 73 | 100 | 92 | 108 | - | - | - | - |
| 874 | 1,000 | 981 | 1,200 | 874 | 1,000 | 981 | 1,200 |
| 72 | 100 | 93 | 117 | - | - | - | - |
| 796 | 1,000 | 999 | 1,300 | 796 | 1,000 | 999 | 1,300 |
| 48 | 48 | 49 | 51 | - | - | - | - |
| 580 | 580 | 600 | 620 | 580 | 580 | 600 | 620 |
| 18 | 17 | 19 | 20 | - | - | - | - |
| 210 | 200 | 210 | 230 | 210 | 200 | 210 | 230 |
| 66 | 65 | 68 | 71 | - | - | - | - |
| 790 | 780 | 810 | 850 | 790 | 780 | 810 | 850 |
| 6 | 35 | 25 | 46 | - | - | - | - |
| 6 | 220 | 189 | 450 | 6 | 220 | 189 | 450 |
| 1 | 1 | 1 | 1 | - | - | - | - |
| 11 | 10 | 11 | 10 | 11 | 10 | 11 | 10 |
| 4 | 2 | 2 | 3 | - | - | - | - |
| 38 | 30 | 33 | 40 | 38 | 30 | 33 | 40 |
| 3 | 34 | 24 | 44 | - | - | - | - |
| ▲21 | 200 | 167 | 420 | ▲21 | 200 | 167 | 420 |
| 103% | 80% | 83% | 68% | 103% | 80% | 83% | 68% |
| 1.4 | 1.7 | 1.7 | 2.1 | 1.4 | 1.7 | 1.7 | 2.1 |
| 52% | 50% | 50% | 48% | 52% | 50% | 50% | 48% |
| -1% | 10% | 8% | 17% | -1% | 10% | 8% | 17% |
| 27.8 | 33.3 | 33.0 | 41.7 | 27.8 | 33.3 | 33.0 | 41.7 |
| 13.3 | 16.7 | 16.7 | 21.7 | 13.3 | 16.7 | 16.7 | 21.7 |
| -0.4 | 3.3 | 2.8 | 7.0 | -0.4 | 3.3 | 2.8 | 7.0 |
| 101% | 120% | 119% | 125% | 101% | 120% | 119% | 125% |
| 6 | 7 | 7 | 9 | 6 | 7 | 7 | 9 |

注）全社で作成する場合は営業外収益・費用を入れた経常利益まで作成しますが、事業部単位であれば営業利益までを作成する。

注）部門別で計画書を作成する場合、全体予算の1.5倍程度になる挑戦目標を設定する。

注）記載する金額の単位は、千円単位（金額規模が大きければ百万円単位でも良い）。小さな単位は経営判断には影響しない。

また、このコンセプトは、過去の延長線上で作られる予算からの決別であり、「挑戦」が予算に組み込まれることになります。

《久野式8マス利益計画書の特徴》
1. この計画書は、世の中で言われている"計画づくり"のためのものではなく、"行動"を変えていくための計画書。

2. 決定した売上高を100とした場合に、変動費、人件費、その他経費の割合をどのようにするかを決定する。これを当社では黄金比率と呼んでいます。積上げの思考を捨て、ストラクチャーを構築する考え方です。

3. 年間の予算目標を決定したら、次に各月の前年実績の列の当月、累計に数値を記載する。

4. 各月の前年実績を入れたら、次に目標の列の当月、累計に数値を記載する。

5. 最後に、各月の翌年目標の列の当月、累計に数値を記載する。

6. 1カ月が終わったら、実績の列の単月、累計の欄に数値を記載する。

7. 計画書の下の方には、予算実現のための主要なKGIの目標も盛り込む。
※分析のポイント
　①目的は予算達成ではなく、会社にイノベーションを起こしていくことで、そのための仕組みづくりをしていくこと。

　②毎月の実績については、季節変動、たまたま大口の取引があったなどイレギュラーな要因も影響するため、単月だけではなく累計で達成に近づいているかをチェックするのがポイント。

　③単月の予算達成に一喜一憂していては、会社は成長していかない。目の前の予算に囚われることなく、翌年目標達成に向けての種まきがしっかりと行われているかをチェックする。

　④今期目標の達成だけではなく、2年後の目標を前倒しで達成していくためにはどうするのが良いかを考える。

# 16.

## 計画を実行に移すための成果の方程式
### – 戦略は仮説に過ぎない –

成果の方程式（図5-10）は、結果と原因の因果関係を表しています。

この公式は、価値循環モデル（図5-11）にもリンクしています。
・右上の矢印は、どのような価値を提供するか、すなわち「戦略」の設定につながります。
・左上の矢印はそれをどう「実行」するかにリンクします。
・右下の矢印は、その成果として売上や利益といった財務の「結果」につながります。

この因果関係を基に、定量目標、予算をKGI（Key Goal Indicator）として詳細な財務的目標値を設定します。

これを実現するための手段が戦略となり、戦略を実行するための検証可能な行動をKPI（Key Performance Indicator）としてコントロールします。

KGIは、結果指標のため、モニタリングはできても、それ自体を直接コントロールすることはできません。KGIの達成率をチェックすることは、その原因となるKPIを改善するためです。

■ 図 5-10　成果の方程式

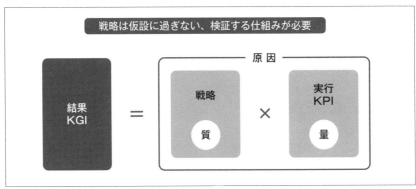

戦略は仮設に過ぎない、検証する仕組みが必要

結果
KGI
＝
原因
戦略
質
×
実行
KPI
量

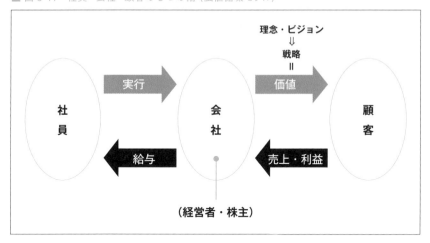

■ 図 5-11　社員・会社・顧客の 3 つの輪〈価値循環モデル〉

通常、KGIは、財務指標であり、月次決算でモニタリングされます。**月次決算は早いほど、KGIが早く最新の情報に変えられるため、月次決算のスピードが重要になります。**

KPIは、結果に対する原因指標であり、直接コントロールできます。これは、変化が測定可能な非財務指標で、社員の行動に結びつきます。

KGIは「結果」であり、戦略及びKPIは「原因」と考えられるため、以下のような関係になります。

KGI＝戦略レベル×KPI

（結果）　　　（原因）

しかし、戦略は、KPIが100％実行されることによってKGIが達成されるであろうという「仮説」に過ぎません。戦略の有効性は、**KPIが実行されて初めて検証**が可能になります。

戦略の有効性を検証するためには、次の2つの条件が必要になります。

❶当初予定されていた通りKPIを実行すること

❷予定していた通りの結果（KGI）が得られること

実行されない限り、仮説である戦略の有効性の検証ができないため、KPIの実行度合いの検証が最初になされます。

　事業計画は、定性目標と定評目標の両方を達成するための企画となります。

　価値循環モデルが示す右下の財務上の目標を達成するため、右上の戦略の中身と左上の実行の量を企画していくということになります。

　次章では、PDCAを循環させ実行する仕組みを詳しく解説します。

# 経営は「実践」が全て

## 01.

### 戦略は、仮説に過ぎない
### – 実行されない戦略は絵に描いた餅 –

　本章では、価値循環モデルの左上の実行する組織づくりについて考えます。

■ 図 6-1　価値循環モデル（実行）

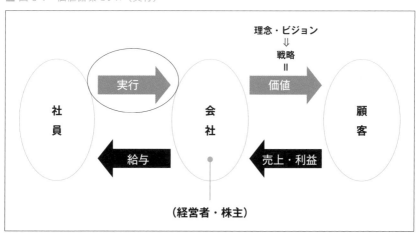

成果＝戦略×実行

「目標達成のための戦略を考えても、それを実行しなければ、それは単に〈良い意図〉があったに過ぎない（P・F・ドラッカー）」と言えます。

経営は、実学であり、頭で考えるだけでは不十分です。

実践こそ経営なのです。

さらに、戦略は、目的を達成するための手段ですが、あくまで「仮説」に過ぎません。
戦略を実行することで、初めて戦略の有効性が検証されます。

ここで重要な問題に直面します。
戦略の有効性が検証されるためには、当初企画された戦略のアクション・プランが全て実行されることが条件となります。

このことから、実行段階では2つの問題に直面します。

①戦略が曖昧な状態で立案され、検証可能なアクション・プランが作られていないケース

戦略案はあったものの、抽象的なレベルでしか作られていないと、具体的に検証可能なアクション・プランまで作れません。

そのような戦略は、単なる方針（定性目標）に過ぎず、実行は、日常の業務の繰り返しになります。

一般的な中小企業は、この状態に陥ることが非常に多いと考えられます。

これはPDCAでいうP（計画）の段階に重要なエラーが発生しているのです。

戦略を策定した段階では、検証可能なアクション・プランが5W2Hで作られているのか確認しましょう。これができていなければ、計画段階での差し戻しをすべきです。

通常、このような計画は予算策定の段階で作られるべきですが、定量目

標はあっても、戦略とアクション・プランが十分に作成されないことが多くあります。

　結局、予算は、数字をまとめただけの状態になります。

　これでは、従来の業務が繰り返されるだけであり、ボトムアップでイノベーションが起きることはありません。

　②アクション・プランまでは、作られているが、実行段階で100％の達成が本気でなされず、アクション・プランも修正されていないケース

　これは、PDCAのD（実行）の段階のエラーです。

　社員は主体性を持って計画の意図（重要性）に基づき行動を組み立てるのではなく、日常の緊急性に振り回されて仕事をすることがよくあります。

　忙しい、人がいないからできないのではなく、仕組みの構築をしていないから、結果として忙しいという状態が恒常的に続いているのです。

　中小企業だから良い人材が採用できないのではなく、戦略を企画し、実行していないから、中小企業であり続けるというトラップなのです。

# 02.

## 成功の大半は、組織ではなく戦略の問題

　「会社は今のままで良い。大きくする必要もない」と考えている経営者は、予算策定の延長線上で事業計画を作ります。

　「年輪経営」もこの方法に似ていますが、年輪経営が成功するのは、圧倒的に「有効な戦略」が存在していることです。年輪経営で有名な伊那食品工業株式会社は、寒天の市場で圧倒的市場シェアを持ち、いわば独占モデルに近い経営を行えています。

　その他、年輪経営で成功している中小企業も、特定の市場で似たような「ブルー・オーシャン」の状態にあります。

　我々がよく勘違いするのは、「年輪経営をしたから成功した」と思ってしまうことですが、実際は、戦略的に成功しているから結果として、年輪

経営ができたということです。

　実際に年輪経営を行っている経営者自身もここを勘違いしているケースが多く、特殊な組織論を展開し、それがあたかも成功要因だったかのごとく話すケースがあります。これを絶対にうのみにしてはいけません。

　組織が成功要因ではなく、戦略が成功要因なのです。

　しかし、戦略は、その会社独自のものであり、他社への汎用性がないため、成功した経営者が書く本は、ほとんど「組織の与太話」です。

　無料ピザと無料コーラを配ったから成功したのではなく、有効な戦略を実行することで成功したので、ピザとコーラが無料で配れるのです。社内にワインバー・プールバーがあるから成功したのではなく、成功したから設置できただけです。

　「組織は戦略に従う」（A・D・チャンドラー）という言葉があるように、まずは組織の前に戦略を疑うことが必要です。

# 03.
## 組織とは、戦略を実行するための仕組み

　有効な戦略を構築した後に必要になるのが、「組織化」です。
　どのような会社でも創業者や幹部の知識・技術・経験があったからこそ、起業に成功し、成長します。

　しかしこれが最初の成功トラップであり、成功体験として強く自身の意識に刻み込まれます。

　会社を大きくしようと、社員を新たに雇っても、自分がそうしてきたという理由で、
　「上司・先輩の背中を見て学べ」
　「自分で考えろ」
　といった、部下任せの指導法をとり、結果として、社員が育たない、も

しくは社員ができるようになっても辞めてしまえば、元に戻ってしまうのです。

これは、創業者や幹部が属人的に成功した体験に引きずられ、誤った組織化のアプローチをとっているからです。

組織化を考える上で、第四章でも述べた「有能な個人集団」になるか、「有能な組織」を作るのかというテーマがあります。

有能な個人集団とは、「少数精鋭」の集団にするという発想と同じです。
ただし、この発想では属人的に個々の能力に依存するという要素が強くなります。新たに人材を採用する場合でも、経験者を中心に採用するというのがほとんどです。

まだ本当に「精鋭」であればいいのですが、中小企業においては、常時有能な経験者を採用し続けることは難しいものです。一定の規模以上に成長させようとすると、未経験者も雇用していかなければならなくなります。

ここで大きな問題が起きてしまいます。成長期は、未経験者が加わることで、品質の低下が起きます。組織の仕組み化ができていない状態で、会社が成長すれば、クレームや顧客離れが頻発し、会社の成長が頭打ちしてしまうのです。

実は私も創業以来、誤った人材育成をしてきました。
「人が人を育てる」という固定観念に囚われ、多くの人材を採用してきたものの、組織として成功させるということに失敗してきました。

この期間、約20年間です。

5年ほど前に、ようやくそのアプローチが誤っていたということに気づきました。
「人が人を育てる」のではなく、「仕組み」を育てることを最優先に取り組むべきだったのです。
個々の社員に着目すると、能力の差や会社へのロイヤリティの高低など、千差万別です。
人を育てることに注力すると、結局、属人化の問題は解決しません。

ここで必要なのが、「有能な個人集団」ではなく「有能な組織」を作ろうという考え方です。

　それは、特定の人に依存しなくても、成果が出る「仕組み」に注目しようという発想です。

　第四章で述べたアダム・スミスのピン工場のように、個々の仕事を標準化し、誰でもできるようにすること。さらに、生産性を継続的に高めていくというのが「仕組み」を作る意味になります。

　人ではなく、「仕組み」を育てることで、結果として人も育つようになります。

　社員は辞めてしまう可能性がありますが、「仕組み」は辞めません。会社のノウハウとして蓄積されていきます。

　企業の立ち上げ時期は、「有能な個人集団」でなければ、成功しません。

　しかし、これが組織のサクセス・トラップです。

　成長期は、「有能な個人集団」から「有能な組織」を作る転換期です。これを私は、組織の「仕組み化」と呼んでいます。この仕組み化ができれば、結果として、有能な個人が育ちます。

　多くの会社は仕組み化にトライし、業務マニュアルを作り、効率化を進めようとしています。

　しかし、大半が失敗に終わり、社員の退職などを契機に、結局、経験者が属人的に仕事を行うことが繰り返されるのです。

　なぜここから脱却できないのでしょうか。

　それは、「仕組み化」が、今すぐやらなくても目の前にある業務に支障はなく、顧客にも迷惑をかけることがない、重要性は高くても、緊急性の低い仕事だからです。

　仕事には、緊急性と重要性の2軸があります（『7つの習慣』スティーブン・R・コヴィー）。

　顧客からのクレーム対応、売上予算を達成することは、誰の目から見ても緊急性が高く、今すぐやらなければならないことです。このような仕事

は、普通は誰に指示されなくても、行われる仕事です。

　一方、仕組み化することは、緊急性は低いですが、重要性の高い仕事です。こうした仕事は、「忙しい」という理由で先送りされてしまうのです。

　意識的・強制的に仕事の中に「仕組み化」を取り入れなければ、常に先送りされます。

# 04.
## 頭では分かっているのに実行できない

　人は、頭で分かっても行動できる訳ではありません。

　「古い習慣」によって行動が形づけられているからです。

　何か新しいことを学んでも、古い習慣が塗り替えられない限り、行動が変わらず、成果も上がりません。研修会を行った時はその気になりますが、自分の席に戻った瞬間から、「旧の木阿弥」に戻ってしまうのです。

　古い習慣を変えられるのは、「新しい習慣」に塗り替えた時だけなのです。
　新しい考え方を「ルール化・制度化」することが、「仕組み化」の本質です。

　この「仕組み化」ができれば、新しい行動は、会社によって強制的にされることになります。

　思考の変化→行動の変化

　これは、「古い習慣」の壁にぶつかってうまくいきません。

　（仕組み化による）行動の変化→成果の変化
　を促し、成果が出て初めて、腑に落ちる、思考が強化される状態になります。

　多くの哺乳類と同じように、人間もまた、「体験・経験」によって学ぶ

動物です。

　意識改革は、納得させることが目的で、行動改革は、「仕組み」が必要になります。

## コラム

## ダニエル・キム氏の
## 組織の成功循環モデル

■ 図6-2

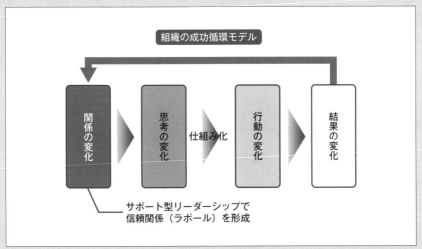

ダニエル・キム氏によれば、社員との信頼「関係の変化」が、社員の「思考の変化」を促し、【行動の変化→結果の変化】につながると考えられています。

　さらに、「結果の変化」が思考を強固な「信念」に変え、好循環をもた

らすという考え方です。

　このアプローチは、サポート型リーダーシップが前提となり、個々の社員に時間をかけて思考の変化を促すミクロ的アプローチです。

　私は、これ自体を否定する訳ではありませんが、補完的に思考の変化と行動の変化の間にある大きなキャズム（溝）を埋めるマクロ的アプローチが必要だと思っています。

　ダニエル・キム氏のアプローチは、インテグラル理論（第七章 10. 項参照）で紹介する個人の内面にフォーカスしています。

　私のアプローチは、インテグラル理論の組織の外面にフォーカスしており、両者を統合してアプローチすることが、組織改革の効率を高めると考えています。

# 05.

## 社員の自主性・主体性を重視し、仕組み化が先送りされる
### － 社長のトラップ －

　仕組み化を行うと、その仕組みは社員に対して「強制力」を持つことになります。

　この強制力という仕組みを経営者は嫌う傾向があります。
　これが経営者のトラップです。

　経営者は社員に、主体性を持ち、自主的に自分の頭で考えて行動して欲しいと願うものです。
　「強制なんかしたら、反発するし、そんなものは、うまくいかない！」
　「自分がやってきたように思考の変化のきっかけを与えれば、すぐに行動に移したくなるはずだ」と私は長く思っていました。

　しかし、「社員の自主性に期待してうまく行くことは絶対にない」と思う方が無難と気づきました。

そもそも、自主的にできるのは、本当に優秀な社員のみで、そんな人はとっくに起業家になっているのです。

経営者にはできても社員にはできないことは沢山あります。私は、このことに長い間、気づくことができませんでした。

しかし、一般には、経営者のような人間は、「他人も自分と同じように自分の頭で考えて行動できるはず」と思い込む傾向があります。なぜなら、「自分のような平凡な人間でもできたのだから……」と考えるからです。

経営者は、自分が有能とは思わず、「努力すれば誰でもなれる。平凡な自分でもできるようになったから」と考えるのです。

これは、「ダニング・クルーガー効果」と呼ばれるもので、「有能な人間は、自分を過小評価し、無能な人間は、過大評価する」というものです。経営者は、自分が有能な人間であることに気づかず、自分ができることを社員にも求めた結果、属人化が続くことになります。

社員の自主性に任せるより、頭では分かっていても体が動かない人のために強制的に実行させる「仕組み」を作ることが成功する秘訣です。

# 06.

## PDCAは、「A」でストップする
### – 社員のトラップ –

トラップに陥るのは社長だけではありません。改革をする時に、社員もトラップに陥ります。

改革のためのプロジェクトチームを作って、みんなでディスカッションすると、

「この問題は、他の部署が協力してくれないと解決できない」
「新たに人を採用してくれなければ、忙しくて無理」
「結局、この問題は、自分たちだけでは解決できない会社の問題」
となり、次のアクション・プランができません。

議論はすれども、意見は出ますが、結局、自分自身の次のアクションには結びつきません。

　アクション・プランが作れるようにするには、最後まで「全ては自分の問題」という前提が必要です。

　一般的に、社員は、役職による「権限＝責任」を無意識に考えます。自分の役職に応じた権限を考えれば、必然的に責任は限定されるのです。

　その結果、社員は、「自分の責任範囲を限定」して考える傾向があるため、意見は持てども、自分のアクション・プランが作れないのです。

　PDCAの「A」が作れず、ここで改善サイクルが止まってしまうのです。

　責任範囲を自分の上司の立場で広く考えること。

　つまり、【権限＜責任】という思考ができるかは、「企業文化」の問題でもあります。

　このような文化形成をしなければ、人間はなるべく責任を広くしたくないと思います。

　誰しも自分がかわいいので、発生した経営課題を自分の責任と思えず、「他責」にする傾向があるのです。

　上記のような他人事にする発言が出たら、その場ですぐに指摘して軌道修正を行うように会議を運営する必要があります。これは、会議の「議長の能力」にかかわります。

　もちろん、この議長を社長自身が行えば、指摘はできるかもしれませんが、逆に社長ばかりが話している状態になります。

　社員に意見を言わせるため、社長が会議に参加しなければ、結局、「意見は言えども、改善行動につながらない」のです。どちらの状態もうまく機能しないので社長は悩みます。

　会議でもう1つ重要なのが、「問題があればその場で議題に上げること」です。

　会議中には発言せず、終わった後に仲間内で、
「そうは言ってもねぇ」

「これじゃあうまくいかないよね」などと言うのは、単なる愚痴です。

会議の場でテーブルに上げない限り、会社として「課題化」できません。これも企業文化が大きく影響しています。

このような状況を認識した上で、「会議のルール」を作ることも重要です。

## コラム

# 雨が降っても自分のせい

松下幸之助氏は、「雨が降っても自分のせい」と言いました。
一倉定氏は、「電信柱が高いのも、郵便ポストが赤いのも、全ては社長の責任」と言いました。

この真意はどこにあるのでしょうか？
天気や電信柱、郵便ポストがなぜ自分の責任になるのでしょうか？

多くの経営者は、「経営の問題は全て社長の責任」であることは知っています。

しかし、実際、円安になって輸入された原料価格が上がり、売価に転嫁できず、利益が減少すれば、「利益が減ったのは為替のせい」と言いたくなります。
「政治が悪い」、「教育が悪い」、「最近の若い者は……」とついつい言いたくなります。

電信柱が高いのも、郵便ポストが赤いのも自分の責任と思えば、ましてや会社で起きる問題の全ては、自分の責任と思えるはずです。

そのくらいに思わなければ、人間は弱いので自責ではなく他責にしたく

なるのです。

## 全ては自分の問題
## 自ら責任範囲を広げよ！

当社の「規律」は3つあります。

❶与えたものが得たもの

❷全ては自分の問題

❸自ら責任範囲を広げよ

❶は、船井幸雄氏（船井総研創業者）の言葉で、当社の経営理念の1つに使わせていただきました。このコンセプトを「価値循環モデル」に発展させ、経営を体系化させました。

経営を原因と結果として考えることで、結果ではなく原因にフォーカスし続けることができるようになりました。

❷は、前職の先輩に私が言われた言葉から悟りました。独立当初、仕事がうまくいかず、ついつい前職の上司に愚痴を吐きました。

その時に元上司から「それがお前の限界だ！」と言われました。

自分に起きる全ての問題に自分が向き合わない限り、そこで成長がストップすると思いこの言葉を胸に刻みました。

❸は、『7つの習慣』（スティーブン・R・コヴィー氏）の「関心の輪」・「影響の輪」という考えを私なりにカスタムして、「責任の輪」というコンセプトを作りました（拙著『賢者からの三つの教え』／TCG出版：86ページ参照）。

人間は責任範囲を狭くしたくなるものです。これを広げられる人が真の自由を得られると思っています。自由には責任が伴います。自由を得るためには、責任の範囲を広げることで、結果として自由になれるのです。

この3つのコンセプトは、私が生きる上で大切にしている「信条」です。

私は、これが「成功哲学」と考えているので、多くの人にこの考え方を広めていきたいという「ミッション」を掲げています。

# 07.

## 標準化のトラップ

標準化を実行する際に陥るトラップについて考えてみます。

標準化に進む時は、今までの属人的なやり方を簡単に変えることは難しく、会社は非常に「不安定な状態」となります。

業務マニュアルやチェックリストを作った会社は沢山あります。多くの経営者は、標準化の重要性を心得ています。

しかし、作られたマニュアルが最後にアップデートされた日はいつでしょうか?

最後にアップデートされた日が、実質的にマニュアルが最後に使われた日だといえます。

それらが作られてから一度も更新されていないのであれば、結局、マニュアルは「作られたその日にお蔵入り」しています。

これではダメだと思い、何度も企業は標準化に挑戦するのですが、挑戦しただけ失敗します。

標準化とは、誰もが知っている概念ですが、実践するのは本当に難しいものです。

経験者にしてみれば、自分ができる仕事に「マニュアルなど必要ない」のです。マニュアルの作成は「余計な仕事」です。

新人が入った時には必要と分かっていても、自分にとっては必要ありません。緊急性のない仕事は、先送りされるのが基本的な人間の行動パターンです。

また、経験者は、自分の仕事にプライドを持ちます。自分の仕事を過大評価して標準化に反対します。標準化できたら自分の会社における優位性が下がるからです。

## コラム

# 私の会社には、
# 標準化できる業務はない

「私の仕事は、マニュアル化できるような簡単なものではない」

「標準化は、当社の業務には合わない」と本気で信じ込む人もいます。

このように思っている人が社長の場合は致命傷です。社長自身が、会社の改革をストップさせているのです。

全ての業務は、「判断と手続」に分けられます。

判断には多くの経験・知識が必要で「暗黙知の世界」です。

手続・手順は、標準化、マニュアル化できる「形式知の世界」です。

どんなに複雑に見える業務であっても、この2つに分類すれば、手続・手順は標準化が可能です。

問題は、自分の業務を判断と手続に明確に分けていない場合は、全ての

業務が暗黙知になってしまいます。この場合は、業界の知識・技術・経験を持った人間しかできなくなります。

　この2つを明確化しないから、「うちの会社の業務は標準化に向かない」と思ってしまうのです。時間を使うのは、手順・手続です。判断は一瞬でできます。

　多能工である経験者が忙しくなるのは、経験者の業務を判断（ミドルマネジメント）に絞り込まず、手続（現場仕事）もしているからです。

　これが、経験者が陥る忙しさの本質です。

　マニュアルを作成しろという号令がかかったとしても、結局、「命令されて作ったもの」です。

　命令されたのは、「作れ」であり、「使え」ではありません。作った時点で任務は完了しています。

　経験者にとって、マニュアルなどなくても仕事はできるので、使う必要性はないのです。

　標準化に成功するためには、以下の2つがポイントです。

　第1に、マニュアルを作ることではなく、トヨタのように「省人化」まで行うことです。

　業務時間の短縮を目指し、圧倒的に高い生産性を追求すれば、現在の人手不足からも解放されます。社員が「人が足りない」というから、社長が人を雇ったら、今度は、社員が「教えるのに時間がとられてもっと忙しくなった」という始末です。

　忙しさは人の問題ではなく、仕組みの問題と考えた方が良いと思います。

　標準化に成功すれば、仕事が楽になります。部下に業務が移管できるからです。

一度うまくいった成功体験があれば、続けることが正しいと信じられます。

しかし、成功体験がない状態でマニュアル化だけを叫んだところで、誰もその効果を信じません。

第2の方法が、業務のジョブ・ローテーションを行うことです。

役所では、定期的に行われていますが、もともと、ジョブ・ローテーションが日本的経営の特徴の1つでもありました。

これは、スペシャリストよりジェネラリストを生み出すのに有利な方法であり、企業のトップになる人は、マルチタスクをこなす必要があるため、基本的に社長は、ジェネラリストでなければいけません。

しかし、近年、終身雇用制が崩壊したとともに、社員は「手に職をつける」ことに主眼を置き、企業もコロナ禍の影響もあり帰宅勤務と相性の良い「ジョブ型雇用」を行うようになりました。

欧米のように雇用がスペシャリスト型に傾いてきたのです。

これも時代の流れとして、一見良くみえるかもしれませんが、大きなデメリットもあります。

ジョブ型は、社員の属人性に業務のパフォーマンスが影響し、標準化することが難しくなります。成果は、本人次第になり、報酬も成果報酬型にならざるを得ません。

大企業はこれでも良いかもしれませんが、中小企業が個人の能力に依存するような仕事をすれば崩壊します。そもそも、中小企業に良い人材が集まらないことが前提なので、「仕組み」で組織の底上げをする方が理にかなっています。

ジョブ・ローテーションを組織に初めて組み込もうとして、社員が反発するなら、それは社長の普段からのリーダーシップが欠如していることが原因です。

ジョブ・ローテーションで、経験者に新しい仕事をさせれば、経験者も新人と同じ状態になりマニュアルの重要性が理解できます。

中小企業にとって、人事は社長の聖域です。社長の意思で組織を動かせ
ないなら、社長のリーダーシップの問題です。

　なお、新しく業務に就いた時に重要なことは、「前任者と同じことをし
てはいけない」ということです。合理的懐疑心を持って前任者のやり方を
否定しなければ、改善することはできません。

　ミスが起きて、「前からこうしていた」は禁句です。マニュアルに従う
だけでは劣化コピーが起きます。

　業務を改善し、マニュアルをアップデートすることが、新しく業務に就
いた人の責任であり、マニュアルの不備も含めて責任が転嫁されます。

　だからこそ、構造的に業務を見直さなければいけなくなるため、急速に
力が付くのです。

　ジョブ・ローテーションができるようになると、誰かが退職してもその
穴埋めは簡単にできます。既に同じ業務をしていた人が社内に存在するか
らです。

　また、業務は上司がチェックするのではなく、前任者がクロスチェック
できます。組織のヒエラルキーを大きくしなくても横の関係の社員同士で
チェックし合えるため、業務の品質も向上します。

　ジョブ・ローテーションは、標準化の推進力になるだけでなく、少な
い人数で業務をこなしている中小企業にとっても沢山のメリットがあり
ます。

　自転車は、最初の一回転、一漕ぎ目が一番きついです。そのあとは、「慣
性の法則」で簡単に動きます。組織も同じで、改革は、最初がきついだけ
です。

　標準化が成功できると、1人当たりの売上や利益、操業度、加工時間な
どの生産性指標で管理することができるようになります。

　KGIやKPIといった重要業績指標などを設定してマネジメントすること

ができるようになります。これが設定できなければ、管理者が本来のミドルマネジメント業務ができるようになりません。

# なぜ、社員は標準化に心理的に反発するのか？

　基本的に社員は、標準化に反発します。しかも、能力の劣る社員ほど、反発は強くなります。

　標準化とは、「個人のノウハウを会社のノウハウに変えること」なのです。

　個人のノウハウは、仕事を属人的に行ってきた社員にとって、仕事ができる拠り所であり、存在価値そのものです。これを吐き出させて、会社のノウハウにすることは、その人にしてみれば、自分の評価ポイントを失うことにつながると考え、心理的に抵抗したくなります。

　しかし、ノウハウというものはいったん吐き出さなければ、次の新しい知識や技術を習得することができません。スポンジのように、水分を絞り出してから、初めて吸収できるようになるというものです。そして、新しいノウハウの習得こそが成長につながります。

　つまり、ノウハウを会社のものにするというのは、失うことではなく、新たな成長のために行うものだと考えさせることがポイントです。

　新しいノウハウは、また属人的な状態からスタートしますが、それで問題ありません。

　今までのやり方を否定して、より良いものを作り上げるというのは属人的方法でしか行えません。それをまた会社のノウハウに変えて、標準化し、

さらにまた新しいものを属人的に行うこと、このスパイラルが会社と個人双方の成長につながります。

「起業家クワドラント」の第5ステージである「企業家」の時代を考えた場合、標準化からもう一度、属人的に成長するというスパイラルで考えることも重要になります。

マニュアル化に成功したら、マニュアルに従って機械的に仕事を繰り返すだけの「お役所仕事」になり、経営環境の変化に対応できなくなります。これは「標準化のトラップ」だといえるでしょう。

常に、成功が失敗を誘発する「サクセス・トラップ」に注意すべきです。

標準化に成功し、ビジネスが大きく伸びたのなら、「破壊的創造」によるイノベーションを念頭に置く必要があります。大企業が構造的な衰退期に入る原因は、常に、成功による慢心から始まります。

# 08.

## 個人ではなく、チームで解決する

会社が大きな目標を達成するためには、何らかの改革が必要になります。一般に、改革は、部門間の問題解決が伴うため、個人の責任で行うこととは限界があります。

個人ではなく、プロジェクトチーム（クロスファンクショナルチーム）で行うことが効果的です。

チームメンバーは、会社全体に責任を持ち、その中で自分が担当する仕事がどうあるべきかを考える必要があります。

社長と同じように「全体最適」から考えなければ、自分の仕事が常に優先されるという「部分最適」の思考に陥ります。これでは、本来のプロジェクトチームとしての機能を果たすことはできません。

また、個人で課題に取り組もうとすると、限られた自身の視点や経験に基づいてアプローチすることが多くなります。プロジェクトチームで取り組めば、新しい視点やアイデアが組み合わされ、より良い解決策が生まれる可能性も高まります。

「プロジェクトチーム」の結成から改革は、始まるのです。

## コラム

# 改革は、
# クロスファンクショナルチームで行う

クロスファンクショナルチームは、部門を越えての改革のためのプロジェクトチームであり、日産のゴーン前CEOが成功させて有名になりました。

だたし、クロスファンクショナルチームを結成した後に起きる問題を最初に認識しておくことが重要です。

第1の問題は、PDCAの「A」のトラップで、最後まで「全ては自分の問題」と考え自分の責任範囲を広げて行動しなければ、意見は出ても行動には至らない状態になります。

第2の問題は、マンネリ化です。

同じ会社の中で同じような発想法の人が集まっても、新しい改革案が出てこなくなる可能性があります。このような時は、「タイム・ストレッチ」をかける方法が有効です。

私は、ボトルネックとなる課題を1つに絞り込んで、3カ月で徹底して改革することを目指しています。時間を区切って、変化を追いかけることが有効です。3カ月は、新しい習慣化につながる時間でもあります。

改革は、納期のように顧客と約束したものではないため、期限を自ら設定しなければいけません。

改革は、だらだら行っても成果はでません。タイム・ストレッチがかかってないプロジェクトチームは、意味のないミーティングが繰り返されるだけになります。

「実行」にフォーカスし、進捗管理をすることを主眼に置くことが重要です。

# 09.

## 財務と行動をリンクさせるROA経営

組織の仕組み化は、目標設定される財務目標（予算）と実際の行動とのリンクが必要になります。

詳細な財務目標設定（KGI）と、それを達成するための行動指標の設定（KPI）について考えていきます。

この2つをリンクさせるものが、ROA展開図になります。

ROAは、総資産利益率（Return on Asset）を意味し、資産効率を上げて、儲ける仕組みができているかの検証道具です。これを活用するためには、貸借対照表（BS）と損益計算書（PL）の知識が必要になります。

この知識は、第一章から第三章までの「お金の戦略 - 理論編 - 」で紹介しました。

「お金の戦略 - 実践編 - 」では、いよいよこの知識を活用して、行動計画に結びつけます。

ROA展開図は、実践編の核となるコンセプトです。

これは、財務と経営をリンクさせ、実践により、「儲かる会社」→「強い会社」を作るための仕組みに他なりません。

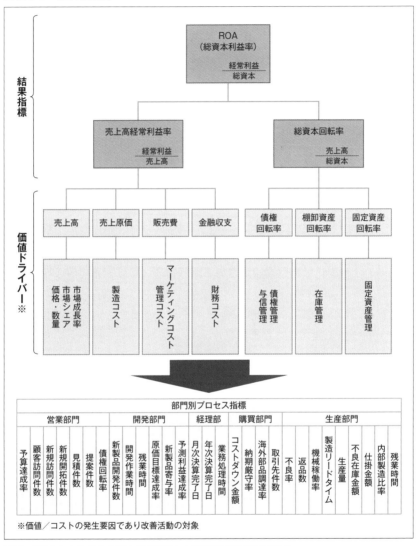

出所：『あなたの会社を永続させる方法』／久野康成著（あさ出版）

　3つの輪の右下の「結果」を変えるためには「原因」にフォーカスしなければなりません。

成果を上げるためには、目標から落とし込まれた細分化された行動の変化が必要になります。

　その細分化された目標を作るための経営ツールがROA展開図なのです。

　展開方法は、まず、目標ROAを設定し、その目標ROAを財務指標へ細分化していきます。

　最上位目標にROAを用いる理由は、お金（貸借対照表）と利益（損益計算書）の両方をバランス良く管理することができる指標だからです。

　ROAは「経常利益 ÷ 総資産（総資本）」で計算されますので、資産と利益の要素を下記のステップで、詳しく見ていくことで、具体的なアクション・プランを策定することができます。

（1）収益性を分析する
　利益の目標を達成するために、売上やコスト、経費などを詳細に分析します。収益の源泉やどの部分が利益を抑制しているか、また収益を増やすためにどのような施策が有効かを考えます。

（2）資産の回転率を分析する
　総資産を効率的に使用しているか理解するために、資産の種類やその使われ方を調べます。例えば、不動産、設備、在庫、キャッシュなどの各資産の利用状況を調べ、それぞれが利益にどの程度寄与しているかを把握します。

　（1）、（2）を通じて、財務指標としての目標である「KGI」を設定します。

（3）競合他社と比較する
　他の同業他社や業界平均と比較し、ROAが低い要因を把握します。自社が他社と比較してどの領域で弱点があるのかを特定し、改善の余地があるかどうかを判断します。

（4）課題の優先順位づけをする
　上記の分析の結果をもとに、最も影響力のある要因や改善すべき重要な分野を見極めます。特定の資産の無駄な使用や特定の部門の収益性の問題

など、ボトルネックとなっている部分を特定することができます。

(5) アクション・プランを策定する

　特定されたボトルネックの財務指標から、具体的な改善策を考え、具体的なアクション・プランを策定します。次に、アクション・プランをいつまでにどれくらい実行するのかを数値で認識できるように指標化します。これを「KPI」として設定します。

　上記の順番を見ると、財務指標（KGI）の分析から、非財務指標（KPI）の設定に変化することが分かります。これが、今の真のボトルネックの抽出と改善するための行動計画になります。

　非財務指標である行動を変化させれば、「結果」の変化が得られるのです。

　しかし、ここで1つ問題があります。

　ROAの指標を良くする目標だけで行動変化を起こして結果が良くなったとしても、それは、現状の事業の「プロセスイノベーション」を起こして、生産性を上げただけなのです。

　中長期計画を達成するためには、「真のイノベーション」も行う必要があります。

　しかし、それを実行すると、ROAの財務の指標は、逆に悪くなるのです。

　つまり、効率性だけを追求した指標は、イノベーションを遅らせるのです。これがROAを経営指標として使う時の欠点となります。

　ROAを用いた手法は、それぞれの財務指標を良い方向に変化させることが主な目的となるため、プロセスイノベーションには活用できますが、真のイノベーションの実現を考えていく上では適さないという難点があります。

　新しい事業の立ち上げ時期は、利益が出ず、投資先行となるので、財務の指標は悪化することを恐れてはいけません。真のイノベーションを起こすアクション・プランは、ROAのような指標管理とは別に企画していく必要があります。

# 10.

## ボトルネックを抽出する

　ROA展開図から行動変化を企画する時に、外してはいけないポイントがあります。

　それは「真のボトルネック」を見出すということです。

　ボトルネックとは、瓶（ボトル）の先の細くなっている部分（ネック）が語源で、細いからこそ中身が流れ出にくくなるということで、全体の工程の中で、最も良くない影響を与えてしまっている箇所を意味します。

　経営は、様々な要因が複雑に絡み合っています。全ての課題に対処が難しいのは、ヒト・モノ・カネといった経営資源に制約があるためです。

　制約の中で成果を最大限に生み出すためには、全ての問題に対処するアプローチではなく、最も悪い根本原因（ボトルネック）を解決することが効率的です。限られたリソースを最も重要な部分に集中させることができます。

　そのためには、財務の内容を細分化して、課題を抽出することから始めます。財務的指標は、客観的に比較可能な指標であり、バイアスがかかりにくい利点があります。財務分析を通じてボトルネックを発見することは、限られたリソースを使い、戦略を策定・遂行するための重要なステップです。

# 11.

## ボトムアップ経営は、
## 仕組み化されたマネジメント

ROA展開図を使い、アクション・プランを遂行することは、「プロセスイノベーション」のアプローチです。

しかし、会社の成長を考える際には、もう1つのイノベーションである「真のイノベーション」も併せて推進していく必要があります。

ポイントは、真のイノベーションは、「誰かのアイデア」から始まることです。

多くの場合、経営者自身が真のイノベーションに関わっています。特に、創業経営者は、アイデアマンであることが多くあり、イノベーションは、完全に「属人化」します。

企業は、イノベーションなくして長期的には成長できません。

しかし、経営者に最も重要なイノベーションを依存することは構造的問題です。

多くのアイデアマンの経営者は、「これが自分の存在意義である」と誤った認識を持ち、結局、代替わりする段階で、企業が衰退期を迎え事業承継に失敗します。

この問題の解決策は、「ボトムアップ経営」を行うことです。

トップダウン経営は、トップの強烈なリーダーシップで機能しますが、ボトムアップ経営は、仕組み化で機能します。リーダーシップは、個人の特性に依存するため、再現性が低いですが、「仕組み化」は、マネジメントの領域なので、再現可能です。

経営はトップダウンが原則ですが、ボトムアップで補完できるようになると、トップマネジメントが強固なものになります。

新しいイノベーションのアイデアを考えるのは、「幹部」の役割と定義し、継続的に提案する場を設けることです。この有名な事例がリクルートで長年おこなっているRing（Recruit Innovation Group：新規事業提案制度）です。

当社もこれに倣って年に2回の社員研修旅行でのグループ発表会を行っています。これをKing（Kuno Innovatin Group）と呼んでいましたが、近年、名称が変更され「イノラボ（Innovation Laboratoryの略だそうです）」に変更されました（笑）。

また、当社では、「戦略会議」と称し、成果分析とともに改善提案を月次で実施しています。ポイントは社長が考えるのではなく、幹部が提案内容を発表し、社長がやるかやらないかの意思決定をすることです。

下から提案せざるを得ない仕組みを作らない限り、社員は日常の業務を繰り返します。

自主性・主体性を重んじれば、ここでも「仕組み化」は先送りされます。

# 12.

## 2つのイノベーション
### − 金をかけるな、社運をかけろ −

プロセスイノベーションは、「標準化」のステージに入る時に大きな価値転換を要しますが、その後の「省人化」のステージでは、継続的改善で成功します。

しかし、もう1つの重要なイノベーションである「真のイノベーション」を起こす上での問題は、その取り組みの多くが失敗することです。

つまり、真のイノベーションは、失敗が前提であるトライアル＆エラーにより行う必要があります。最初から大きな予算をつけて行うことは得策ではありません。特に資金的余裕のない中小企業はなおさらです。

つまり、スモールスタート（リーンスタートアップ）で行うことが原則

です。

　ただし、予算は小さく始めても、会社にとっては、非常に重要な活動です。

　「金はかけずに、社運をかける」のです。

　「一か八か」でお金をかけて新規事業を行えば、失敗した時に次に賭けられるものがありません。どんなに良いプランと思っても、大半が失敗することを忘れてはいけません。

　多くの事業案を試す中で、それぞれの事業に社運をかけて取り組むことです。


　私が決めている新規事業にかけられるお金は、「税引前利益」です。

　どんなに良いと考えても常に失敗するリスクはあります。また、当期利益額を上限に設定すれば、借入に頼る必要もなく、さらに失敗しても赤字にもなりません。


## コラム

# ロケットスタートで
# マルチタスクをこなせ！

**仕事の進め方として3つのタイプの人がいます。**

❶ロケットスタート型
❷コツコツ型
❸先送り型

❶のタイプの人はスタートした段階に圧倒的な投入時間を割きます。
❷のタイプの人はコツコツ毎日少しずつタスクを完了させていきます。
❸のタイプの人は締切日が近づかないとエンジンがかかりませんが、最

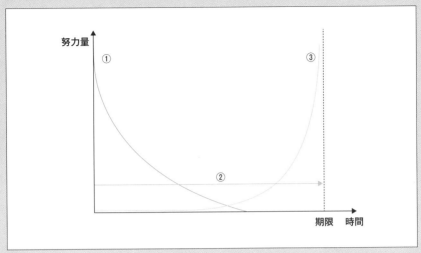

■ 図6-4　3つの仕事の進め方

後に一気に仕上げるタイプです。

❷と❸のタイプの人は、長期的な観点からするとうまくいきません。

❷のタイプの人は、タスクの量が増えた時、仕事がオーバーフローします。また、そもそも仕事でドーパミンを出すことができないので、「三日坊主」に終わるタイプになります。

❸のタイプの人は学生時代からの習慣で、試験前になってお尻に火がつかないと頑張れない癖がついています。さらに、締切前に結果的に間に合ってしまうとその時に脳内麻薬のドーパミンが大量に分泌され、成功体験として記憶されます。

また、期限に間に合わなかったという失敗をしても、その時に痛い目に合わなかったという経験が「失敗の成功体験」となり、失敗癖がつきます。結局、この癖をつけた人は、学生時代は良いかもしれませんが、社会人は長期戦なので途中で燃え尽きます。

❶のタイプは次のタスクが来る前にそのタスクを完了させ、常にシングルタスクを連続的に解決している状態になります。仕事にタイム・ストレッ

チがかかるので、❸と同様にドーパミンが出るだけでなく、マルチタスクがこなせる状態にもなれます。

　管理者には、基本的にマルチタスクが要求されます。このタイプが最も管理者に向いていると思います。

　また、❷❸は、あくまで他人が設定した期限で仕事をしていますが、❶は、「自分で期限」を設定しているところが特徴です。

　結果として、主体的に自分の仕事がコントロールできるようになります。
　さらに、スタートから全速力で進めるので、結果として、他者よりも圧倒的に早く仕事を終わらせることができます。

　このスピード自体が差別化要因となり、仕事が早いことで顧客から評価されることも多くなります。

　ちなみに私は、❶タイプです。

　このようになったのは、私が小学1年生の夏休みの最後の日の事件がトラウマになったからです。夏休みの最終日8月31日、夕食後、母親が明日、小学校に持っていく持ち物を、プリントを読みながらチェックしてくれました。

　その時、持ち物の中に「夏休みの工作」が入っているのに気が付きました。それまで、工作が宿題として出されていたことに誰も気づいていませんでした。

　夏休み最終日の夕方から工作を作る時間はありません。私は大泣きしました。

　私にとって初めての夏休みであり、宿題を忘れれば、どんな罰が待っているのか予想もできません。生きた心地がしませんでした。自分の人生の中で、あれほど泣いた経験はありません。

　さて、どうしたか？

　母と兄が工作を手伝ってくれました。ミシンの糸の芯（当時は木で作ら

れていた）を2つ母が持ってきて、そこに丸い箸を通して、タイヤにし、厚紙を使って車を作りました。良く走る車が完成した時は、命拾いしたと思いました。

　私にとって、この体験があまりにも強烈で、それ以降、夏休みの宿題は、日記も含めて8月の前半までに全部終わらせることにしました。もちろん、日記は創作して書きました。

　それ以降、ロケットスタートができるようになりました。強烈な失敗経験で私の人生は変わったのです。

# 13.

## 2つの会議による実践の仕組み化
### − 戦略会議 −

　イノベーションを起こせるか否かは、基本的には、経営者の意思決定が大きく関わります。経営者には常に次の2つの選択肢があります。

（1）現状維持するか？
（2）今の状況を変えるか？

　この意思決定は社長の責任です。

　「両利きの経営」のようにイノベーションを常にテーマ選定するなら、取締役会又は幹部が参加する経営会議が、変革のための部門横断的なクロスファンクショナルチームの機能を持つ必要があります。

　取締役又は幹部は、部門の代表者ではなく、全社レベルで「全体最適」を考える必要があります。

　部署内で作られるプロジェクトチームでは、ロワーマネジメント上の問題に焦点が当たります。多くは、個別の案件の話に終始してしまいます。
　会社の問題のほとんどは部門間において問題が起きます。この問題を解決するためには個人ではなく、チームで行う必要があるのです。

　このチームでは2つの会議を行います。「戦略会議」と「進捗会議」です。

最初に、営業会議を「戦略会議」に変える必要があります。

一般に営業会議の役割は、予算の達成度の検証が主なものであり、「結果」にフォーカスされます。

これを「原因」にフォーカスする戦略会議に変えます。

戦略会議の中で、中期事業計画書を作り、月次で検証します。戦略は仮説にすぎないため、定期的な見直しが必要です。また、売上や利益だけでなく、KGIやKPIとして設定した成果指標の達成度も検証します。

また、中期事業計画の見直しも、この戦略会議で半年に一度は行います。

一度決めた計画は、簡単に修正すべきではないと考える人もいますが、私は、経営環境の不確実性を考えれば、柔軟性の方を重視しています。「朝令暮改を良し」としなければ、自ら作った計画で自分自身が苦しむことになります。

「計画が変わると、社員が本気で実行しない」のではないかと考える人もいますが、本気で実行するか否かは、目標設定の問題ではなく、プロセス管理の問題です。

中期事業計画を前提として、2カ年予算の久野式8マス利益計画書を作り月次で予実分析を行います。また、ここからアクション・プランの作成を行いますが、検証は主に週次の「進捗会議」で行います。

結果未達の原因は、戦略の問題か実行の問題かを明らかにする必要があります

実行の問題は、ロワーマネジメントの問題ですが、実行しても成果が出ないのであれば、戦略の修正が必要になります。戦略の修正は、重要な意思決定なので、ミドルマネジメント以上が係わる必要があります。

# 14.

## 2つの会議による実践の仕組み化
### ‐ 進捗会議 ‐

アクション・プランは、検証可能な「KPI」として戦略会議で設定しますが、その検証は週次での「進捗会議」で行います。

結果の検証と異なり、行動の検証は、想定外の仕事などで計画通りに実行できないことが想定されるため、頻度を多くする必要があります。頻度を多くすることによって、修正行動計画が作れ、PDCAを高速で回転させられるようになります。

週に1回30分、オンラインで行うことをお勧めします。古い習慣を変えるには、高頻度での検証が必要です。

ここでフォーカスするのは成果（KGI）ではなく、行動（KPI）の変化です。

成果は結果であり、これを直接変化させることはできません。行動の変化こそが結果を変える原因です。仮に、行動を変化させることなく、良い結果が出ているなら、内部要因ではなく、外部要因が良かったに過ぎません。

外部要因は、自分で変化させられないため、結果が出たとしても浮き沈みが激しくなります。プロセスを無視して、成果さえ出ていれば良いと考える人は、長期的には成功を継続することはできません。良いプロセスと良い結果の両方が重要です。

変化させるべき最も重要な対象は、ボトルネックとなるKPIです。

最低でも3カ月間、徹底的にその変化にフォーカスし、少しでも成果を出せば、「成功体験」となります。成功体験を積み重ねれば、行動に「自信」が付き、変化を受け入れ行動できるようになります。

進捗会議は、新たな習慣を身に付けることも目的の1つです。「3カ月間」、徹底することで古い習慣が新しい習慣に塗り替えられます。

# 第七章

## 教育システムとしての久野式評価制度

　本章では、価値循環モデルの左下の評価システム（給与）について考えます。

■ 図 7-1　価値循環モデル（給与）

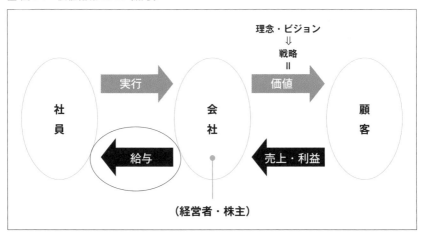

　価値循環モデルを好循環させて、成長し続ける組織を構築するには、**変化の「習慣化」**が重要となります。

　しかし、新しい価値観に対して、社員は、**「違和感」**を感じることが普通です。

心理学では、これを「認知的不協和」と呼びます。

人が認知的不協和を解消するには、2つの方法があります。

第1が、変化を「否定」すること。今までの慣れている方法を継続することです。

第2が、素直に変化を「受け入れる」こと。ただし、これは、「素直さ」が必要で、これがない人は、新しいことを否定します。

一般には、素直に新しいことを受け入れられる人は少数で、多くの人は、新しいことを素直に受け入れることはできません。

社員の自主性・主体性に任せていては、新しいことは始められないのです。

組織として、これに対処するには、行動を「強制」することです。

人は、行動と思考が合っていない時も認知的不協和を発生させます。通常は、思考に合わせて行動を順応させるのですが、行動が強制されている場合は、これができません。

脳は、この自己矛盾を解消させようとします。脳が自分の行動を自己正当化し、行動に合わせる形で「思考」が変化します。

注意点は、強制は、あくまで「納得はしているが、古い習慣でやりたくてもできない」というレベルである必要があります。

納得できず、嫌がる社員に無理やりさせるのは、トラブルの原因になります。

強制させる仕組みは、会社の「制度」として行います。

制度とは、会社が決めた継続的に行われるルールです。

良い「規律」を持った会社には、人を育てる「制度」も存在します。

規律や制度のない会社は、一見、自由な企業のように見えますが、結局、人を育てる仕組みがなく、経験者に依存する属人的中小企業の領域を抜け出せないのです。

制度設計の中心は、「評価制度」です。

評価制度は、貢献に応じた給与の分配機能だけではなく、フィードバッ

クを通じて社員教育し、PDCAを回して、利益を上げ、給与を上げる仕組みにする必要があります。

# P・F・ドラッカーが目指したMBO

P・F・ドラッカーの言うMBO（Management by Objectives ／目標管理）は、会社の目的を共有することによって、社員が自ら達成する方法を考えて実行することにより目標達成を目指す仕組みです。

目標管理というより、「目的による管理」と言う方が、本来の意味に近いと思います。

ドラッカーは、21世紀の労働者を「知識労働者」とし、知識そのものが生産手段であり、その生産手段を保有するのは、企業ではなく社員自身と考えました。

「肉体労働者」は、企業にもっとも重要な生産手段は企業が保有しているので、社員は企業に従属する弱い立場になります。

これに対して、「知識労働者」は、重要な資産である知識を会社ではなく社員が持っているため、会社より社員の方が有利な立場です。

このような有能な知識労働者を管理するためには、旧来型の会社が全て決め、社員は「実行するだけ」の人という発想では、マネジメントが困難になります。

「知識労働者」を管理する方法が、MBO（目的による管理）です。

MBOの本質は、企業の目的（理念・ビジョン・戦略・定性目標・定量目標）を上司とのコミュニケーションを通じて共有すれば、社員自身が主

体的に達成する手段を考えて実行するというものです。

　このメソッドは、私が考える「起業家クワドラント」でいう「暗黙知」の領域に会社が入っていることが前提です。

　ここで大きな誤解が発生します。
　実際、多くの中小企業は、ドラッカーが推奨したエンパワーメント（権限移譲）を幹部に行い、まさにドラッカーが推奨している通りのことを行って失敗しているのです。

　この問題はなぜ、発生しているのでしょうか？
　実は、ドラッカーが対象にしているのは、大企業であり、既に標準化・省人化にも成功し、この弊害が出て企業が機械化・硬直化し、社員は主体性を失った「ゆでガエル」になっている企業に対して推奨しているのです。

　つまり、大企業は、「真のイノベーション」が重要なテーマなので、ドラッカーの推奨は非常に有効です。
　一方、中小企業は、個人商店化・個人事業主化の属人化のトラップにハマっており、エンパワーメントを行うまでもなく、幹部は、自分のやり方で業務を行っています。そもそも、会社として業務が標準設計されていないのです。

　このような中小企業にとって重要なことは、「プロセスイノベーション」による「標準化」、「省人化」であり、暗黙知から形式知の世界に入ることです。

　中小企業は、大企業と違いステージが周回遅れなので、ドラッカーのMBOが一見、良く見えます。
　しかし、適応する場面では、個人任せにするのではなく、会社が仕組み化を推進するコミュニケーション手段として使用するべきであり、評価項目として決定するKGI・KPIは、会社主導で決定することが必要です。

　企業ステージが、「省人化」から「企業家」の段階に入る場合は、ドラッカーが推奨するMBOに戻せば十分です。この段階では、エンパワーメントを行う方が効果的になります。

「どんなメソッドを使えば企業は良くなるのか」という答えを探すのではなく、「今の会社の状態では、どんなメソッドがベストなのか」を考えることが重要です。

大半の中小企業は、第2ステージである「幹部の時代」でストップしているので、社員への権限移譲により属人化させるより、トップのリーダーシップを発揮して標準化・省人化を行うことです。

# 01.

## 教育システムとしての評価制度
## － 久野式評価制度 －

評価制度とは、組織に対する個人の貢献度を評価して、その人の昇給・賞与を決めるものです。

狭義では、社員を「査定」することですが、評価制度を通じて社員を教育する仕組みを構築することが長期的な観点からは必要です。

評価制度の定義を、狭義と広義で考えたいと思います。
①狭義：適正な分配（査定システム）
②広義：育成を通じた組織の成長（教育制度）

一般的な評価制度は、①の狭義の意味で使われます。
貢献に応じて社員全員が納得できる適正な分配を考えるのは難しいテーマです。

何をもって貢献と定義するのでしょうか？

また、営業部門と間接部門の貢献度合いをどのように考えるのでしょうか？

営業部門のように、結果を数字で把握しやすい部門であれば、ある程度、貢献度合いは分かるかもしれませんが、会社全体で貢献という概念で一人ひとりの給与を決定することは、難しいことです。

狭義の評価制度だと誰かが納得しないので、制度設計を延々と何度もや

り直すことになります。

　この問題を解決するためには、②の教育を通じて組織成長を促す仕組みと考えることが必要です。

　会社が成長し、そもそもの分け合うパイの全体を大きくしていくことで、分配結果に対しての不満は出にくくなります。

　評価制度は、会社の成長（長期目的）と今年の成果（短期目的）を出す仕組みであり、OJT型の教育制度とリンクさせることが効果的です。評価制度は社員への**フィードバック機能**ともいえるのです。

　短期では、評価制度は「分配機能」になるので**昇給・賞与**の額を決定する仕組みが中心になります。

　長期では、フィードバックを通じた教育機能を重視するので、**昇進**を決める仕組みになります。

　**評価制度は、最初に昇進の基準を設計**することが重要です。

　個人の昇給と賞与は、全社員に開示されることはありません。会社と社員個人との関係でしかないのです。

　これに対して、**昇進は、社長が全社員に対して誰を評価**したのかを示すことができます。

　昇進は、社長の価値観を全社員に示し、共有する機能を兼ね備えています。

　この意味で、昇進は成果ではなく、社員の価値観や考え方、リーダーシップ、マネジメント能力、コミュニケーションスキルなどが中心に評価されるべきです。

　しかし、多くの企業は、**過去の実績や成果で昇進させる過ち**を犯し、結果として、マネジメント能力が乏しい人が人の上に立つことになります。

# 02.

## 財務と評価制度を結びつける

　本書のテーマである、「財務」からこの人事評価を考えてみます。

　賃金は、費用の中でも最も金額が大きくなる項目です。評価制度は、財務にも大きな影響を与えます。

　評価には大きく「相対評価」と「絶対評価」があります。それぞれにメリット・デメリットがあります。

　相対評価は、会社内の順位付けで相対的に決定するものです。
　比較対象がいるため、評価しやすいというメリットがあります。

　相対評価の場合、社員の市場価格（他社でもらえると仮定した年収）が反映されないので、市場価格より低い給与の場合は、離職率が高くなり、逆に市場価格よりかなり高く払っている場合は、会社の利益が圧迫されている可能性があります。
　一般的に賞与は、賞与予算の合計が利益から算定されることが多く、相対評価が使われる傾向にあります。

　絶対評価は、個人の能力やパフォーマンスを直接反映させる方法で、社員の市場価格が反映されやすいため、離職率を下げるためには優れた方法といえます。
　デメリットは、個人の絶対評価された賃金の総和が、結果として利益がどのくらい圧迫されるのか見えなくなることです。

　これが個人を中心に絶対評価した場合の大きなリスクで、経営者が評価制度を導入したくないと思う理由の1つです。

　成長が見込めない状態で昇給を続けることは、経営的には不可能です。
　　①賃金が、会社の損益の大部分を占めること
　　②優秀な社員を確保するには、それなりの高い賃金を払う必要があること

社長には、この2つの対立する状況をどのように対処するかが求められます。

　中小企業だから高い賃金が払えない、優秀な社員が集まらないという思考に社長が陥ることがあります。

　しかし、これでは、長期的に会社が発展することはありません。

　中小企業だから、優秀な社員が集まらないのではなく、「差別化された戦略」がないから優秀な社員が集まらないのです。中小企業か否かは、原因ではなく、経営の結果にすぎません。

　優秀な社員を確保したいのなら、業界で最高水準の給与を払うことを目標にすべきです。

　これができれば、必ず優秀な社員は集まります。

　給与水準を抑えていて、優秀な社員が集まらないと嘆くのは、虫が良すぎます。

　しかし、先に高い給与を払えないのが中小企業です。

　あるべき目標設定として、次のような手順で考えています。

①「強い会社」を目指すことが一番重要です。強い会社にすれば、簡単に倒産することはなく、会社も社員もその家族も守ることができます。

②強い会社にするためには、「儲かる会社」にすべきです。利益は強い会社にするための重要な源泉となります。決して、最初から大きな会社を目指す必要はありません。会社が大きくなるか否かは、結果に過ぎないのです。

③儲かる会社になれば、「社員の給料」を上げることができます。業界最高水準の給与を提供できる企業は、最も優秀な社員を集めることができます。究極的には、これを目指すべきです。単に利益が出ているだけの会社では、最高の給与を払うことはできません。

④儲かる会社を作るためには、マネジメントを「仕組み化」することです。マネジメントの基本はPDCAです。これを幹部が仕組み化

することによってトップの属人的能力のみに頼るのではなく、組織力で企業運営をできるようにするのです。

⑤PDCAの最後のアクションに社員に対する「フィードバック」による教育を組み込み、継続的に改善を促す仕組みを作ります。つまり、評価制度をマネジメント・システムの1つと考えることです。

上記が経営の基本コンセプトですが、中小企業の場合、一気に理想像に近づけることは困難です。ポイントは、向かう方向性を見失わないことです。

経営者が長期の方向を見失えば、緊急性のある短期的な業務に追われ、重要なマネジメント・システムの構築を先送りしてしまいます。

会社の利益は、
①会社への内部留保、②株主への配当、③社員への昇給・賞与の財源となります。
これらの3つ「会社（経営者）、株主、社員」が、中小企業にとっての重要な利害関係者です。

問題は、これらの利害関係者の中での優先順位です。

社員は、短期的には、昇給・賞与を求めます。
しかし、経営理念が浸透し、会社を本当に大切にしてくれる社員を育成すれば、まず、自分が働く会社の財務基盤を安定化させ、長期的に存続可能な会社を作ることに同意してくれるはずです。

財務安定があれば、経営者も安心して利益を社員に対する昇給・賞与の財源に充てることができます。そのような長期目標の共有ができない企業では、社員は短期的な報酬を求めて転職してしまいます。

財務と評価制度が切り離されると、利益目標が低くなり、予算は「過去の趨勢を加味し」、「達成可能な目標」として設定される傾向があります。

本来、目標設定の方法には、過去ではなく、「未来」、「ビジョン」、「挑戦」が含まれるべきです。
挑戦のない目標からは、わくわく感が得られず、計画を作った段階で社

員のモチベーションを上げることはできません。

　達成より「挑戦」を中心に評価すると、成果主義ではなく、「プロセス主義」となります。

　良い結果（イノベーション）を会社で起こしたいのなら、良いプロセスである原因を評価することが重要です。

　成長期は成果主義でも良いですが、イノベーションが必要な成熟期で成果主義を採用すると社員は、挑戦しなくなります。

　何よりも、わくわく感のない計画は、未来のビジョンが反映されておらず、計画として失敗なのです。

# 03.

## 財務と評価をリンクさせる総額賃金管理

　財務の計画と評価制度をリンクさせるためには、「総額賃金管理」を用います。

　「総額賃金管理」は、達成すべき利益目標を決定する利益計画からスタートします。

　人件費は会社のコストの中でも大きなウェイトを占めるものです。

　中小企業では、賃金のコントロールが経営を左右するといっても過言ではありません。

　そして、人件費のコントロールは会社の事業計画と関連づけて行う必要があります。

　会社の業績の成長ペースと人件費の上昇ペースをセットで考えることが大切です。

　利益計画では、あるべき労働分配率を設定し、そこに近づけていくための財務企画から昇給予算、賞与予算が決定します。

　・目標とする利益を残すために、売上はいくら必要なのか？

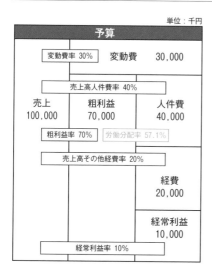
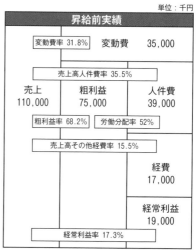

単位：千円

| | 予算 | | |
|---|---|---|---|
| 変動費率 30% | 変動費 | 30,000 | |
| 売上高人件費率 40% | | | |
| 売上 100,000 | 粗利益 70,000 | | 人件費 40,000 |
| 粗利益率 70% | 労働分配率 57.1% | | |
| 売上高その他経費率 20% | | | |
| | | | 経費 20,000 |
| | | | 経常利益 10,000 |
| 経常利益率 10% | | | |

単位：千円

| | 昇給前実績 | | |
|---|---|---|---|
| 変動費率 31.8% | 変動費 | 35,000 | |
| 売上高人件費率 35.5% | | | |
| 売上 110,000 | 粗利益 75,000 | | 人件費 39,000 |
| 粗利益率 68.2% | 労働分配率 52% | | |
| 売上高その他経費率 15.5% | | | |
| | | | 経費 17,000 |
| | | | 経常利益 19,000 |
| 経常利益率 17.3% | | | |

| | 予算 | | 昇給・賞与経常前実績 | | 差額 |
|---|---|---|---|---|---|
| 売上 | 100,000 | (100%) | 売上 110,000 | (100%) | |
| 変動費 | 30,000 | (30%) | 変動費 35,000 | (31.8%) | |
| 限界利益 | 70,000 | (70%) | 限界利益 75,000 | (68.2%) | |
| 人件費 | 40,000 | (40%) | 人件費 39,000 | (35.5%) | 11,000（△4.5%） |
| | 労働分配率 | (57.1%) | 労働分配率 | (52.0%) | |
| 固定費 | 20,000 | (20%) | 固定費 17,000 | (15.5%) | |
| 経常利益 | 10,000 | (10%) | 経常利益 19,000 | (17.3%) | +9,000（+7.3%） |

・粗利額、粗利率はいくらに設定すべきか？
・人件費やその他の固定費はいくらにするのか？

　久野式利益計画の特徴は、金額を決定するのではなく、黄金比率である「利益率」を重視し、比率分析を中心に企画するところです。

　具体的な黄金比率による利益計画と総額賃金管理の方法は次の通りです。

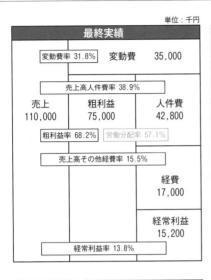

単位：千円

**最終実績**

変動費率 31.8%　変動費 35,000

売上高人件費率 38.9%

| 売上 110,000 | 粗利益 75,000 | 人件費 42,800 |

粗利益率 68.2%　労働分配率 57.1%

売上高その他経費率 15.5%

経費 17,000

経常利益 15,200

経常利益率 13.8%

**【解説】**

①黄金比率を考慮して、金額だけでなく利益率を重視した予算を策定します。これにより、「儲かる会社」の企画を行います。

②理想としたあるべき労働分配率（このケースでは、57.1%）より、賞与・昇給前の労働分配率が下回っていれば、その比率までを賞与・昇給財源に充てられることとなります。

③理想とする労働分配率まで、賞与引当金を積み、賞与確定後の労働分配率を調整します。その一方で成果が出ず、理想とする労働分配率を賞与前に上回っている場合は、賞与額を下げることが必要となります。

| 昇給・賞与決定額 | 最終実績 | |
|---|---|---|
| | 売上 | 110,000 (100%) |
| | 変動費 | 35,000 (31.8%) |
| | 限界利益 | 75,000 (68.2%) |
| 昇給 +500<br>昇給率 (1.3%)<br>500÷39,000 | 人件費 | 42,800 (38.9%)<br>労働分配率 (57.1%) |
| | 固定費 | 17,000 (15.5%) |
| 賞与 +3,300<br>合計 3,800<br>労働分配率（+5.1%） | 経常利益 | 15,200 (13.8%) |

　利益計画を作った後、目標利益を達成するための戦略目標や売上目標を考え、KGI（財務目標）、KPI（行動目標）の形で評価項目に落とし込みます。

　これにより、過去からの「積上方式」から脱却し、イノベーションを図るための「逆算方式」を採用することができるようになります。

　人件費予算は、以下の7つに分けて考えることができます。

　①既存社員の現状給与

②既存社員を昇給させることによる人件費上昇額
③新規で人材を採用することによる人件費上昇額
④既存社員の退職による人件費減少額
⑤賞与予算
⑥退職金予算
⑦その他（各種手当・法定福利費・福利厚生費・通勤費など）

　①、④、⑥、⑦については、現状の分析（離職率や退職金発生予測）から予測的シミュレーションを行うことになります。
　残りの②、③、⑤については、事業計画が大きく関連します。

　なお、**賞与を利益コントロールのバッファー（緩衝器）として考える**のは有効です。
　「賃金が財務をひっ迫させる」という経営者が感じるリスクを回避することができます。
　賞与は、結果としての成果をもとに分配されるため、利益の多寡により決めることは当然です。

　しかしながら、賞与も給与の一部であり、社員はある程度の業績による変動も受け入れながらも、一定量の賞与を望む気持ちも持っています。
　社長の立場からしても、中期的な業績の展望はある程度、予測できるものであり、賞与のみで利益をコントロールするのはリスクと感じます。

　そのためにも、賞与も利益計画の中で予算化しておくことが有効です。
　想定しうる最悪な状態でもこの予算化された賞与は支給できるように計画の中に盛り込んでおくことで、社員と経営者もWin-Winの状態に近づけていくことができます。

　総額賃金管理では、給与は絶対評価に近づけるようにし、賞与は相対評価の比率を高めて、社員の市場価格も考慮しながら、経営者が利益コントロールできるようにすることが可能になります。

# 04.

## 評価を通じた教育システム

成果は個人ではなく、チームで上げるものです。

しかし、一般に評価制度は、最終的には個人の評価につながるため、評価制度を進めていくと、チームより個人プレーが重視されていく傾向があります。

特に、成果主義型の評価制度は、チームより個人に主眼が置かれてしまいます。

ジョブ型評価制度・報酬制度はこれでも良いかもしれませんが、これは、「有能な組織」ではなく、「有能な個人集団」、つまり、個人商店・個人事業主の集まりの組織になり、組織効率が結果として悪くなる可能性があります。

つまり、評価制度を導入して、社員が自分の評価ばかり気にするようになれば、組織内の協力関係が悪くなり、結果として成果が上がらなくなるという逆効果が出ることがあります。

このような問題が起きるのは、評価制度の設計上のミスです。

個人の査定を重視しすぎて、成果を出す仕組を破壊してしまったことが原因です。

「成果を上げるのは、あくまでチームであり、個人は、そのチームへの貢献度で評価される」

このような方針で、評価システムを構築すると、個人よりもチームが最初に評価されます。

チームの評価は、KGI、KPIといった指標により評価されます。

チームの指標達成への貢献度が個人評価になります。

これにより、経営上設定された数値が、評価制度とリンクし、チーム全体が最初に評価されるようにする必要があります。

「自分ができているか」だけではなく、「遅れている人をサポートする」

ことも重要な自分の役割と考えられます。結果として、組織内での協力関係が良くなります。

「協力は内で！競争は外で！」が原則です。
悪い会社は、会社内で競争し、協力関係が悪くなる会社です。
個人評価を中心に行うとこのようなことが助長されるのです。

チームで成果を出すからこそ、社員の教育システムが社員全員にとって重要なことになります。
そもそも、個人中心の評価では、他人の教育に興味を持ちません。

評価制度を通じた「教育システム」は、面談によるフィードバックをする仕組みが原則です。
これにより、組織の目的を上司・部下で共有し、ドラッカーが提唱したMBOのコンセプトを取り入れ、結果として社員の主体性を養う教育システムが作れます。

フィードバックは、戦略会議や進捗会議を通じ、経営者視点を理解させること。これが組織の目的の共有につながります。

# 05.

## ３つのフィードバック
## －昇進・昇給・賞与－

フィードバックには、次の3つがあります。
❶成果（結果）のフィードバック
❷行動（実行）のフィードバック
❸思考（理念）のフィードバック

❶結果は賞与とリンクします。
結果だけ出せば良いと考える人を昇進させることはできません。
ただし、会社に貢献していることは事実です。
結果を出した人は、賞与で報いることが大切です。

❷実行は昇給とリンクします。

実行は、成果を出すための原因となるプロセスです。

正しいプロセスを重視する人は、将来、昇進に値する人になります。

❸思考は昇進とリンクします。

昇進に値する人は、会社の方向性、理念を理解し、長期的観点から良い文化を形成しようとする人です。自らの責任の範囲を広げ、会社が目指す方向で仕事をする人、高いリーダーシップ、コミュニケーションスキル、マネジメントスキルを持った人を昇進させることが重要です。

教育システムとしての評価制度は、昇進→昇給→賞与の順で設計することが重要です。

良い思考が、良い行動につながり、良い行動が良い成果になります。

評価制度の教育機能は、評価者が社員に対して、面談を通じて会社との方向性が合っているかをフィードバックすることであり、この方向性が合っているかが、最大の昇進基準となります。

社員教育には、心（Mind）と技（Skill）の両面が必要です。

「心」とは、リーダーシップ、マネジメントスキル、会社の経営理念・ビジョンの理解度です。

このレベルが高い人が、「昇進」に値し、心のレベルを高めることが真の「教育」です。

「技」とは、その業界で必要な知識・技術・経験です。

どんな業界でも、その道のプロになるには「10,000時間の法則」と呼ばれるように長い年月が必要です。

技を習得させるものが、「研修」であり、心の変化をさせることが「教育」です。

この2つを分けて考えないと、社員教育の中身が「技」の習得に偏りがちになります。

技ばかりに囚われる人は、「職人化」して、自分では仕事がこなせるものの、部下を育てることができず、マネジメント能力に欠けることになり

ます。

　「どんなやり方であっても結果だけ出せば良い」と考える人を昇進させると、会社と方向性が合わない人が幹部となります。
　経営者が頭を悩ますのは、成果が出ない人ではありません。大きな成果を上げながらも会社との方向性が合わない人です。
　このような人が幹部になると、会社が分裂するリスクがあります。
　場合によっては、部門ごとの退職（競合として独立）が起き、倒産危機を招きます。

　また、中小企業の幹部は、プレーイング・マネージャーをせざるを得ません。
　しかし、問題は、プレーイング・マネージャーと称していながら、マネージャーではなく、単なるプレーヤーとなる管理者が多くいることです。

　自分が成果を出す人から、仕組みで成果を出させる人に役割を転換できれば、真のマネージャーになります。
　これができれば、「起業家クワドラント」の第3ステージである「標準化」の時代に入り、人の問題が解決して、安定的成長ができるようになります。

# 06.

## 経営理念の実践を仕組み化する

　経営理念を実践し、習慣化することで、良い「企業文化」が形成されます。
　企業文化を重視しなければ、長期視点に欠け、短期の積み上げで経営が行われます。
　私は、経営の意思決定をするに際して、常に「良い文化形成に寄与するか」を判断基準にしています。
　これが実践されなければ、短期利益が優先され、長期的に企業は発展しません。

　また、経営理念を実践するには、経営理念を具現化した「規律」（クレド・

| No | 項目 | 内容 | 項目No |
|---|---|---|---|
| 1 | お客様最優先 | お客様とのアポイントは、社内の都合を優先させず、最も近い日時で調整している。 | 1 |
| | | お客様からの電話の折り返しはすぐに行い、取り次いでくれた人に電話を折り返した旨を連絡する。 | 2 |
| | | 社内関係者間のみでの打ち合わせ中にお客様から電話があった際には、折り返しにせずその場で出る。 | 3 |
| | | お客様から電話があった際に、取り次いでほしい担当者が不在の場合であっても、内容を確認のうえ他の者でもその場で回答・対応する。（折り返しは最後の手段） | 4 |
| | | お客様からの電話の際に、（例えば資料を取り出す必要があったとしても）通話を保留にせず、すぐに電話に出て通話を開始する。必要なら話をしながら資料は準備する。 | 5 |
| 2 | 関心・共感 | メール文頭に必ず、お客様の会社名を正式名称（前株・後株を間違えない）・担当者氏名をフルネーム＋様　で記入する。 | 6 |
| | | お客様の会社名、担当者氏名の漢字などは特に間違いやすいため、必ず名刺などで確認を行った上で連絡を行う。 | 7 |
| 3 | 約束・納得 | お客様と何かしらの約束をした場合は、メール等を使って、文章で残す形をとる。 | 8 |
| 4 | Accountability | 請求書を発行する際は、お客様へサービス完了報告を行い、成果物の納品、合意（検収）を得た上で発行する。（サービス対応を完了した時や、成果物を作り終えた時が業務完了ではない。） | 9 |
| 5 | Compliance | 離席時にパソコンの画面が映ったまま放置しない。モニターを切る又はスリープモードにするか、ノートPCであれば、画面を30°までたたむ。 | 10 |
| | | 書類をデスクで見ている時に離席する際は、書類を裏面にするか、ロッカー等にしまい、書面の情報が見れないようにする。 | 11 |
| | | 他の社員に法令違反につながるような発言・行為があったと思われる場合、必ず社長に報告を行う。 | 12 |
| | | 社外でお客様の会社名や担当者名を出して話をしない。 | 13 |
| 6 | お客様目線 | クレームが発生した場合は、その発生の事実を知った時点から、会社が決めた時間以内に社内共有する。 | 14 |
| 7 | 最速 Service | 質問があった時は間を置かずに回答する、もしくは回答ができなければ、応答する。 | 15 |
| 8 | 最高 Quality | 上司から作業依頼を受けたら、指示された時間ごとに進捗を報告する。指示されない場合は、自分からどの頻度での報告が必要か確認する。 | 16 |
| 9 | Integrity | 他の社員がルール違反を行っていることに気づいたら、すぐに指摘し教えてあげる。 | 17 |
| 10 | TCG 代表 | 社内の人の呼び名は「役職」もしくは「〇〇さん」とする。「〇〇ちゃん」や「〇〇くん」、あだ名は使用しない。※パートさん、派遣さんではなく、名前で呼ぶ。 | 18 |
| | | 役職等に関わらず、相手を侮辱・人格否定する発言を行わない。 | 19 |
| | | 業務時間中、お客様先や社外の公共の場などでは、上司・部下・同僚問わず、常に敬語を使う。友達口調は使わない。 | 20 |
| | | 電話に出る時は、「お電話ありがとうございます。「会社名」の「自分の苗字」です」、と言う。※名乗りは、電話機に貼られているテープの名乗りで言うこと。 | 21 |
| | | 社内にいる時、営業を行う時、社用でセミナーに参加する時は常に社章バッジをつける。 | 22 |
| 11 | 演出家・役者 | 仕事を依頼された際に、最初から「できません」又は「やれません」とは言わない。 | 23 |
| | | お客様に対して「勉強になりました」と言わない。（そうお客様から言われるのが我々の役割） | 24 |

第七章　教育システムとしての久野式評価制度

| No | 項目 | 内容 | 項目No |
|---|---|---|---|
| 12 | 自分が主役 | 会議の場で、司会者から全体に意見を求められた場合、必ず参加者全員が挙手する。オンライン会議の場合は、全体に意見を求められたら主体的に発言を行う（主体的か否かは、司会者が決定） | 25 |
| | | 仕事で行き詰り分からないことが発生した時は、同僚ではなく自分より上の役職者に確認する。 | 26 |
| 13 | 全ては自分の責任 | 「雨が降っても自分のせい」と思うこと。 | 27 |
| 14 | Gamification | 設定した目標の進捗については、毎週1回は必ず確認する。 | 28 |
| | | 定期的に発生する業務の場合、作業時間・期限設定を前回よりも早く設定する。 | 29 |
| 15 | Self-Branding | 人の話を聞く場合は、下を向かずに話をしている相手を見る。 | 30 |
| | | 椅子に座る際は足を組まない。 | 31 |
| 16 | Punctuality | 約束された時間に遅れる場合は、遅れることが分かった段階で約束相手に連絡をする。その時間に再度遅れてしまう場合は、同様に分かった段階で速やかに連絡を行う。 | 32 |
| | | 社内の朝礼や会議の際には、開始時間に遅れないよう、3分前には所定の場所に集まり開始している。 | 33 |
| | | 始業時間には、席について業務を開始できる状態になっている。 | 34 |
| | | お客様との面談はオンラインの場合は、開始時間の10分前には相手が入室できる状態で待機し、訪問の場合は約束時間の10分前には受付を済ませる。オンラインの際、前のミーティングが伸びて10分前の開室が間に合わない場合は、代理を立てて開室してもらう。<br>社外セミナーや時間を限定したMTGについては、終了時間5分前には終われるようにする。 | 35 |
| 17 | 挨拶・感謝 | 出社時には入り口で『おはようございます』。退社時には「お疲れさまです」又は「お先に失礼します」とあいさつをする。 | 36 |
| | | 他のメンバーに仕事を手伝ってもらった際には、相手の方を見て必ず「ありがとうございます」と感謝の気持ちを言葉で伝える。 | 37 |
| | | お客様がお見えになった時には、起立しお客様の方を見て、笑顔で挨拶をする。 | 38 |
| 18 | No pain, no gain | 新しい取り組みに対しては、否定せずに素直に実行する。<br>※素直の基準は、上司の主観的判断とする。 | 39 |
| 19 | できる思考 | 指示されたことは、まず受け入れる。できない時は、自分で勝手に判断をせずに、できる人に相談する。 | 40 |
| 20 | 目的志向 | ミーティング、会議などを行う場合には、事前に目的とゴールを伝えた上で開始する。 | 41 |
| 21 | 3D思考 | 上司に質問をする場合は、原則として自分の意見を添えてクローズドクエスチョンで行う。それも分からない場合は、その旨を伝える。 | 42 |
| 22 | 長期的思考 | 他の人のできていない点の指摘だけで終わるのではなく、「どのようにすればできるか」までをフィードバックする | 43 |
| 23 | KAIZEN | 1日1回、部署又はチーム内で最低1名が、仕事上の改善案や実際に改善した事、また気づきを発表する。 | 44 |
| 24 | Innovation | 最低月1回、部署又はチーム内で、新しい手法やアイデアを考える会議を開催する。 | 45 |
| 25 | 5S推進 | 決めた清掃のルール（時間・やり方）については、役職は関係なく、全員が必ず守ること。 | 46 |
| | | 社内での会議で椅子・机など備品を使用・移動した際には、会社が定めた場所に戻す。 | 47 |
| | | 帰社時に机の上に不要な物を置かず、椅子は机の中にしまう。 | 48 |
| 26 | Team Building | チャットやSNS、メールのメッセージだけでコミュニケーションを全て完結させず、必要に応じて直接連絡をしてコミュニケーションを行う。 | 49 |
| 27 | 今に全力 | 今日終わらせる予定の仕事は、必ず今日中に終わらせてから帰る。 | 50 |

行動指針など）を作ることも効果的です。理念の解釈は、人それぞれで、社員の行動の方向性に個人差が発生するためです。

　規律とは、経営者の価値観や考え方を反映したものであり、就業規則ではないので、強制力は持ちませんが、道徳的指針となります。規律の実践を具体的な行動モデルとして明文化し、それを習慣化することにより、結果として、経営理念の浸透につながります。

　経営理念の浸透は、最終的には良い文化形成をすることが目的です。
　　経営理念⇒規律⇒実践⇒習慣⇒文化

　しかし、規律を作っても、それが本当に守られているかの検証は非常に困難です。
　規律を実践させる仕組みの1つが「評価制度」です。
　評価制度の定性的な評価項目は、基本的には経営理念とリンクしていることが理想です。

　ただし、定性目標は計量化できないため、これを評価することは、評価者の恣意性が入ることになります。
　この欠点を補うため、当社では、どのような行為が守られている状態なのかを検証可能なレベルにまでルール化して、それを明文化しました。
　これを「理念の仕組み化」と呼んでいます。

　理念が守られているかを検証することは難しいことですが、逆に、理念に反する行為を列挙することで、理念を明確化することができます。

　これは、当社で実際に運用しているものです（図7-3）。

　「お客様最優先」「全ては自分の責任」などのような、項目だけでなく、それは具体的にどのような場面でどのように行動するのが正しいのかというレベルまで詳細に記載しています。

　一般的にある評価制度は、どこの会社でも使えるような「積極性」、「コミュニケーションスキル」、「合理的判断力」などの定性的評価項目が使用されます。これは、あくまで個人のスキルを評価したもので、評価システムを通じて、組織文化を作るものではありません。

経営理念の実践、規律の実践が検証可能な評価項目にすることによっ
て、良い企業文化が形成されるのです。

# 07.

## 久野式評価制度と利益を出すための
## PDCAサイクル

　成果を出す仕組みは、マネジメント・システムであるPDCAが基本です。

　PDCAを価値循環モデルに当てはめると以下のようになります。

■ 図7-4　評価制度と成果を出す仕組み

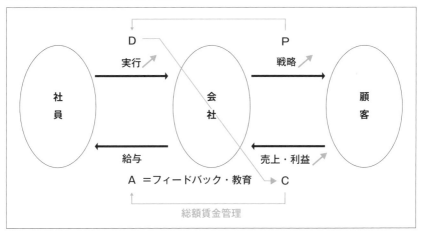

・どういう価値を与えるか（=戦略）の計画（Plan）→右上

・この計画に基づき社員がどれだけ実行するか（Do）→左上

・実行がどれだけ結果にリンクしたかを売上・利益によって検証（Check）
→右下

・上司から部下へのフィードバックと改善を促す（Action）→左下

　PDCAは、戦略（P）に基づき実行（D）し、戦略と実行が相まって売上・

利益という結果を検証（C）し、この3つを社員にフィードバックし改善を促すAction（A）になります。

「フィードバック」は、教育的機能でもあります。

利益をコントロールするためには、適切な労働分配率を定め、総額賃金管理を行うことでできますが、労働分配率という発想は、賃金を抑えて利益を上げる発想に陥り易くなります。

労働分配率の逆数は、「労働生産性」として表すことができます。

逆数である労働生産性は、生産性を上げることにより、利益を上昇させ、結果として、適切な労働分配率を達成する考え方です。

労働分配率は、結果指標ですが、逆数の労働生産性と考えると、社員自身が効率的に行動する方法を考えるため、PDCAのDとリンクできます。

企業が成長する仕組みと評価システムはセットで考えない限り、社員が究極的には納得できるものにはなりません。

結局、昇給のためには「成長」が不可欠であり、成長のためには正しい「戦略」とその「実行」が求められます。PDCAと評価システム、総額賃金管理を体系立てて統合することが重要です。

# 08.

## 社員自身が昇給の正当性を証明する

成果は、個人より組織で協力して行う方が効果的に出ます。

個人の昇給も自分が所属する部門の成果が必要です。

評価制度が査定ではなく、教育制度と考えることで、社員に「社員自身による昇給の説明責任」を負わせることができます。

社員は上司に対して説明責任を負うことで、会社の方針を十分理解し、方針に基づく行動がなされているかが重要と気が付きます。単に、「成果だけ出していれば良い」という発想では、不十分なのです。

「私は、チームに対してどんな貢献をしたのか？」

「何を改善したのか？」

「それによってどんな利益が得られたのか？」

この質問に社員は回答する必要があります。

この質問に回答するためには、証明できる成果物が必要です。

社員が成果物を見せるにあたって、会社は社員に対して、チームの業績を利益ベースで開示することが求められます。中小企業の中には、会社の決算数値を開示することに消極的なところも多くありますが、私は、開示するメリットの方が多いと思っています。

「お金の戦略」を企画するには、社長だけでなく幹部も財務に詳しくならなければいけません。

経営者的思考法を学ぶためには、会社全体の数値、部門の数値を知ることが必須です。

京セラの稲盛和夫氏が提唱した「アメーバ経営」のような仕組みを作ることが大切です。財務上の数字が開示されなければ、そもそもPDCAを社員が回す「ボトムアップ経営」を行うことは不可能です。

評価を査定から教育システムに変えることで、社長が負っていた説明責任から解放されます。

自己評価の高い社員に「いかにあなたは仕事ができないか」というフィードバックをすることは、社長にとって酷なことです。

社員は、「こんなに私は組織に貢献した」という説明責任を負うことで会社の目標を正しく共有でき、お互いがWin‐Winの状態になるのです。

# 09.

## 「人」を育てるのではなく
## 「人が育つ仕組み」を育てよ

競合他社が簡単に真似できない仕組みは、「企業文化」から生まれます。

その中でも特に重要なのは、「ボトムアップ経営」ができる企業文化です。

経営の意思決定は、あくまでもトップダウンです。

トップダウンは、リーダーシップであり、有能なリーダーが1人いるだけでも機能します。

しかし、「ボトムアップ経営」が機能するには、幹部がトップマネジメントに対し、戦略を提案し、ロワーマネジメントに対しては、業務を標準化させ、生産性を上げさせるフィードバックが継続的に行われる状態を作ることが必要です。

問題は、社長がボトムアップ経営の実現を特定の個人に期待することです。

一般に、社長は会社の中で誰よりも優秀であり、自身のリーダーシップで経営を行っています。社員に対しても、自分と同じようにリーダーシップを発揮してくれることを期待してしまいます。

ボトムアップ経営がうまく機能しないと、うまくいかない原因を幹部の「考え方」や、「生き方」の問題だと捉えてしまう傾向があります。

この場合、「教育によって幹部を育成するか」、「優秀な人材を入れる」以外の解決方法がなくなります。つまり、問題を「システムエラー」ではなく「ヒューマンエラー」と考えるのです。

経営者は、「ボトムアップアップ経営」が機能しない理由を、「人」の問題とするのではなく、「仕組み」の問題として捉えることが重要です。

「ボトムアップ経営」は、マネジメントの1つなので、「仕組み」として育てることができます。

人が人を育てようとすれば、価値観がぶつかることによる対立が起きることがあります。

特に、親子で事業承継をする時に起きます。

また、せっかく育てた人が退職してしまえば、また一からやり直さなければいけません。私も社長の退職という経験をしてきました。

しかし、仕組みを育てることで結果として、人が育つようにすれば、この問題から経営者は解放されます。

# 「何をしたか」ではなく
# 「何をしていないか」

コップに半分、水が入っているとします。

入っているものは見えやすく、入っていないものは見えません。

■ 図 7-5

これと同じように、私たちは、「今まで自分がしてきたこと」、「今行っていること」は分かります。

しかし、「まだ行っていない何か」は見えにくいものです。

今まで行ってきたことから、「自信」がつくようになります。

仕事をする上で自信は重要なことですが、これが大きくなりすぎると、自己肥大、自己欺瞞につながります。

「まだ、行っていない何か」を常に考えられる人は、「無知の知」を実践している人です。これを考えられる人は、課題化に成功し、成長が続けられます。

自信は、「自己肯定」から始まりますが、成長には、「自己否定」により自分を疑うことが必要です。

　自己肯定（自信）と自己否定（成長）の2つを同時に行うことは、非常に難しいことです。

　ただし、異なる2つを同時に行うことが、弁証法的スパイラル成長を促し、個人も組織も全く同じ手法で成長することができます。

# 10.

## 全てを統合するインテグラル理論

　アメリカのトランスパーソナル心理学者で哲学者であるケン・ウィルバーは、あらゆる現象は、個人の集団、内面（主観）と外面（客観）の4象限で分類し説明することができると言っています。

　本書のまとめとして、これまでの話をこの4象限から考えてみたいと思います。

■ 図 7-6　インテグラル理論の 4 つのマトリックス

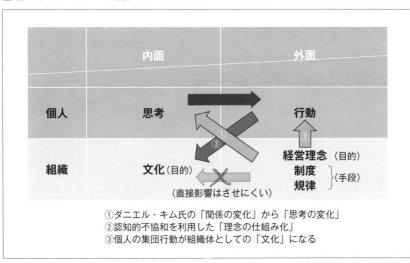

①ダニエル・キム氏の「関係の変化」から「思考の変化」
②認知的不協和を利用した「理念の仕組み化」
③個人の集団行動が組織体としての「文化」になる

まず、個人の内面にあるのは、「思考」（左上）です。

　これは、個人の価値観・哲学・生き方・在り方などを指します。

　そして、個人の思考は、外面に「行動」（右上）として現れることになります。

　思考は個人の内面にあるので、直接うかがい知ることはできませんが、個人の行動は、自分の考え方に従うため、行動として外に現れるのです。

　組織とは、個人の集団です。このように異なる価値観を持った人間が集まれば、組織はばらばらになり一枚岩になりません。

　そこで、異なる価値観をどのようにすれば、1つに統合できるかが組織としての「課題」となります。

　組織の視点では、まず外面を考えます。

　組織の外面は、「経営理念」・「経営哲学」・「制度」・「規律」（右下）に現れます。

　これは、組織のトップの個人的な価値観を反映したものとなります。

　これは、最終的には、組織の内面である良い「企業文化」（左下）を作るために行われますが、組織の外面を整備しただけでは、内面である文化形成に影響を与えることはできません。

　経営の1つの持続性のある差別化された組織戦略のゴールを良い「企業文化」の形成と考える必要があります。

　この場合、行うべきことは、左上の個人の内面に影響を与え、個人の行動を変えることです。

　個人の行動が統一された集団行動に変わった時、初めて組織の内面である「良い企業文化」が形成されることになります。

　「思考の変化」に直接働きかける方法は、ダニエル・キム氏が提唱した組織の成功循環モデルであるサポート型リーダーシップを利用した「関係

の変化」から「思考の変化」を促す方法です。（第六章コラム　ダニエル・キム氏の組織の成功循環モデル181ページ参照）

　上記のように組織の外面として設定された理念や規律がうまく機能すれば、個人の思考に影響を与えるようになります。

　しかし、実際には、理念は形骸化しやすく、サポート型リーダーシップは時間を要するという欠点があり、機能させることは非常に難しいことです。

　これを当社は、「理念の仕組み化」として、理念に従わない行動とは何かを列挙していくことで、社員に分かりやすく伝えるようにしました。

　理念に従わない行動が何かが明文化されると、規律（右下）から、行動（右上）にも直接影響を与えることができるようになります。

　本来あるべき個人の「思考の変化」を「行動の変化」に変えるものではなく、「認知的不協和」を利用して、「行動の変化」を強制することで「思考の変化」を促すものです。

　個人の行動の変化（右上）は、やがて集合体として行動に変わり、これが組織文化（左下）に昇華されます。

　理念の仕組み化は、強制力を持って行動の「習慣」を変えさせていくものです。

　とはいえ、個人の価値観は、非常に根深いもので、年齢を重ねるごと、経験者になるほど、簡単に変わるものではありません。かなり根気のいる社長の仕事と考える必要があります。

　多くの会社で初めに社長が陥るトラップは、マネジメントの問題を「人」の問題としてみなすことです。これは、「経営」（右下）の問題を、個人の「自発的」（左上）な「行動」（右上）に期待していることになります。

　通常、創業者は、経営を片手間で行うことはできないため、自分の人生全てを経営に捧げます。そのため、「思考」（左上）と「理念」（右下）が一致している状態になります。

ただし、多くの社員は、このような状態にはなっていないので、経営の問題を個人の「考え方」や「気質」、「生き方」（左上）ではなく、「仕組み」（右下）の問題として捉える必要があります。

　仕組みを作ったのち、運用段階で次の社員のトラップが発生します。
　経営の基本はPDCAを回すことですが、最後まで自分の問題として考えないと、自分のアクションプランにつながらず、意見は持てども解決しない状況に陥ります。

　社員が他責思考から自責思考に変わった時、いわば、「雨が降っても自分のせい」（松下幸之助氏）と思えるほどになれば、良い組織文化が形成されます。

　この活動を通じ、少しでも成果が出ると、個人は自らの行動を意味のあるものとして認識し、ここで初めて「腑に落ちる状態」になります。
　「思考」が強化されるため、結果として「行動」も強化され習慣化が始まります。

　数名が成果を出し、その数が「組織の閾値」を超えると、それが組織の中で当たり前の常識的な行動になります。結果として、個人から集団の行動へと転化します。これが「組織文化」なのです。

　組織文化は、社員の「心」のレベル、社員の「民度」ともいえます。

　そして組織とは個の集合体なので、社員の民度の中心点がどこにあるのかが、組織文化のレベルと考えられます。
　この中心点を引き上げていくための仕組みを作ることで、「仕組みが人を育てる」という究極の状態になれるのです。

## コラム

# 成功さえも "試練" である

地位に驕り、名声に酔い、財に溺れ、努力を怠る（京セラ創業者稲盛和夫氏）

これは私の座右の銘です。

地位とは何か？

貴族制度がなくなった今、生まれ持って地位が与えられることはありません。

地位とは、何らかの組織における「役割」に過ぎません。

「部長になった」、「取締役になった」、「社長になった」というのは、偉くなったのではなく、組織における役割が与えられ、それに伴う責任を負ったことに過ぎません。

特権が与えられたというような勘違いがなければ、「地位に驕る」ことはなくなると思います。

名声とは何か？

名声とは、社会的価値を生み出し、提供した人に対し、社会から評価されるものです。

例えば、ノーベル賞を受賞した人を見ると、研究テーマの論文発表から受賞するまでは、20年くらいの年月が経っていることが良くあります。

社会的に大きな価値を生み出すイノベイティブなものは、「異端」から始まることも多く、社会的な評価を受けるためには、長い検証期間を要することもあります。

名声とは、過去行われた努力の結果に過ぎません。名声により努力を怠れば、遅かれ早かれ過去の人になっていきます。

財とは何か？

人間は、お金を「能力」により稼ぎ、「品格」により使うと思っています。
お金の稼ぎ方は、教科書に書いてありますが、使い方は書いてありません。
お金の使い方に本当の価値観が反映すると考えれば、むしろ、稼ぐこと
より使い方に注意が必要です。
正しいお金の使い方とは何かを考え続ければ、財に溺れることはなくな
ると思います。

いずれにしても、努力を怠ることが、個人も組織も転落していく原因と
思います。

成功者に与えられる最後の試練が「成功」そのものです。

全ての失敗は、成功による自己肥大・自己欺瞞から始まるのです。

238

# お金を貯めることは、
# 正当化されるのか？

　1998年7月1人で独立した私は、毎日終電まで土日も含めて1日16時間働きました。

　私が独立した1998年は、前年の山一證券の破綻に始まり、大型倒産が相次いだ年でした。

　景気の良い時に独立すれば、たとえ成功しても自分の力ではなく、外部環境に助けられた結果であり、景気が悪くなれば倒産の危機に直面する可能性があります。

　外部環境が最悪の時に成功できれば、自分の力が試せる。今は独立するのに最高に適した年と思い独立した訳ですが……。

　世間はそれほど、甘くはなかったのです。

　独立すれば、社員はゼロ、経営者としての経験もゼロ、実績もゼロ、何もない状態からのスタートです。子供もまだ2歳でした。思うように新規開拓もできず、前職との関係性が全くない最初の顧客開拓には、実に半年もの時間がかかりました。

　『倒産を回避したい』という強烈な危機感がありました。

　お金を稼ぐことは、ビジネスやマネジメントを学ぶことでできますが、お金を使うことは、当時のお金に苦労した時の気持ちにすぐに戻ってしまいます。

　「創業者は、お金を貯め、2代目は、お金を使い、3代目が会社を倒産させる」と言います。

　2代目はお金に苦労した経験が少ないので、お金に固執することもなく、

大きく投資もすることができます。結果として、2代目が初代よりも大きく会社を発展させることもあります。

　ただし、逆も然り。
　お金に苦労をしていない2代目、3代目経営者は、お金に対して脇が甘くなることもあります。

　さて、会社が儲けたお金はどうするべきでしょうか？
　お金を貯める意味は何でしょう？

企業は何を目的にすべきなのか？

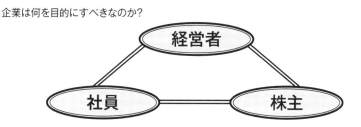

　会社が儲けたお金の使い道は次の3つです。
　１．次のビジネスに「再投資」すること
　２．株主に「配当金」として支払うこと
　３．社員への「賞与や昇給」への財源に使うこと

　実は、「お金を貯める」こととは上記の3つに直接該当しません。
　本来、上場企業であれば、儲けはビジネスに再投資し、さらに効率的に稼ぐことが株主から求められます。配当で株主に還元するより、再投資で株価を上げた方が株主にとっても有効です。
　そのような投資ができないのなら、株主に還元すべきです。

　私のケースでは、株主は、実質私1人です。
　株主還元は、私の報酬を増やすことと変わりないので意味がありません。

私が経営者をしている限り、「配当しない」ことを、創業時に誓いました。
　経営者が必要以上に贅沢をすると経営に対する情熱が薄れていく気がします。

　私は、「贅沢は1つまで」というルールを決めています。
　良い車に乗ってもかまいませんが、買うのは1台まで。
　良い家に住んでもかまいませんが、別荘は持たない。
　ちなみに洋服は、ほぼユニクロ®です。

　そうすると、儲けたお金は、再投資をするか社員の賞与・昇給に充てるのが筋となります。

　投資に関しては、今すぐに良い投資案件がなくても将来は出てくる可能性もあります。
　いつかM&Aで会社を購入する時期が来るかもしれません。

　また、企業の経営環境は非常に不安定なので、今が良くてもいつ経営危機に陥るか分かりません。ある程度の余裕資金はその時のために内部留保しておく必要があります。

　社員への賞与・昇給に使うことはどうでしょうか？
　当社が派遣事業をメインで行っていた時は、社員に賞与を出すことができませんでした。
　利益の総額は大きかったのですが、1人当たりの売上高、経常利益が少なく、広く賞与を渡すことができませんでした。

　究極的には、同業他社より高い給与を社員に提供できなければ、良い人材の採用ができません。また、離職率も上がります。つまり、企業は、給与が競合他社を超えた瞬間から大きく変わります。業界の給与水準を超えることが、良い人材が集まる「閾値」となります。

　社員の給与を業界水準以上にすることは、重要な経営戦略の1つです。
　給与水準は、社員のためだけではないのです。成功するための1つの要

件になります。「企業は人なり」であり、有能な人材確保がビジネスの成功を左右します。

　現在、私にとって、ここが最も重要な戦略の1つと思っています。

| ブラック企業 | ホワイト企業 |
| --- | --- |
| ③売上　→　顧客満足（目的）<br>②利益　→　株主満足 | ①給料　→　社員満足（目標） |
| 理想ー理論ー理性 | 現実ー実践ー本能 |
| ❶ミッション→顧客第一主義<br>❷事業計画書 | ❸環境整備　（仕組み化） |

　どんな中小企業であっても最初から「ホワイト企業」にはなれません。中小企業は、大企業よりも労働条件は悪いのが当たり前です。
　私は、最初に正社員を雇う時、『社員が当社で経験を積み、スキルをつけ、会社を踏み台にして大手企業に転職してもらってもかまわない』と考えました。
　そのように思わなければ、たった1人の会社に正社員として働きたいと思う社員はいないのです。

　未経験者が経験を積み、会社を踏み台にして転職することを支援したため、結果として、高い離職率の会社になりました。
　つまり、構造的な「ブラック企業」になったのです。

　高い利益を上げながら、離職率を下げられなかったのは、私の組織戦略上の判断ミスです。
　私は、「理想」である「目的」にこだわり過ぎました。
　企業の目的は、企業の外にあり「顧客の創造」と考えれば、「顧客満足」を中心にコンセプトを組み立てる必要があります。

　しかし、「現実」には、多くの社員がこのコンセプトを理解して働くことはありません。私は、理解させるために多大な時間を割いてきましたが、

それより、簡単に社員が理解できるコンセプトを打ち出すべきでした。ここは、深く反省しています。

　社員が簡単に理解できることは、給与をアップさせることであり、「社員満足」です。

　ここを第1の「目標」として掲げることにしました。

　つまり、目的と目標を分離させて、あくまで目的（経営理念）を変えるのではなく、社員に示す目標を給与アップに変えました。

　給与は、財務指標の1つです。

　給与を上げるためには、結果として売上・利益を上げ、労働生産性を高める必要があります。

　しかし、「売上を上げろ！」、「利益を上げろ！」、「生産性を高めよ！」と言われれば、社員は、単なる労働強化と感じます。それが自分にとってどんな特になるのか分かりません。

　逆に、給与水準をアップさせる目標設定を最初に打ち出し、その手段として、何をすべきかを考える方が、納得度も財務指標の共有度も高くなります。

　結局、説明する順番を変えるだけで、やることは同じなのですが、会社の成長や利益が直接、自分の給与に跳ね返ると約束されれば、やる気が出るのが人間なのです。

　これが現実であり、人間の本能なのです。理想や理論や理性だけでは、経営はできません。

　会社の枠組みは、以下の3つを中心に組み立てる必要があります。

　❶会社のミッション（経営理念）を打ち出すこと。これは、あくまで顧客を向かなければいけません。社員満足はあくまで目標であり、目的である顧客満足を無視することはできません。

　❷ミッションを実現する方策を作ること。これが「中期事業計画書」で

あり、社員が向かうべき「道標」の役割をします。

　❸戦略を実行するための「組織づくり」を行うこと。組織づくりは、一倉定氏が提唱した「環境整備」が中心になります。

　ただし、当社では、一倉氏が定義したものより広くとらえ、経営全体に影響が出る仕組みを作りました。

　組織の最終形は、社員の一人ひとりが主体性を持って、有機的な組織メンバーとして活躍できる「ティール組織」を作ることです。

　ティール組織とは、フレデリック・ラルーにより提唱された次世代型組織です。

　ただし、問題は、理論としては、優れていても実践することが難しいことでした。これを実現するため、当社では、SNSを使って「知の統合」を行う「仕組み化」を行っています。

　「仕組み化」については、次作の拙著でその全貌を明らかにします。どうぞ、ご期待ください。

東京コンサルティンググループ代表
公認会計士・税理士　久野康成

# ［ 参考文献 ］

● 久野康成
『できる若者は3年で辞める！
　伸びる会社はできる人よりネクストリーダーを育てる』
出版文化社／ 2007年

● 久野康成
『あなたの会社を永続させる方法 成長戦略〜事業承継のすべて』
あさ出版／ 2007年

● 久野康成
『新卒から海外で働こう！ グローバルリーダーを目指して』
TCG出版／ 2013年

● 久野康成
『国際ビジネス・海外赴任で成功するための賢者からの三つの教え
　今始まる、あなたのヒーローズ・ジャーニー』
TCG出版／ 2020年

● 久野康成
『「大きな会社」ではなく「強い会社」を作る
　中小企業のための戦略策定ノート』
TCG出版／ 2022年

【著者プロフィール】

久野康成　くの・やすなり
　　久野康成公認会計士事務所　所長
　　株式会社東京コンサルティングファーム　代表取締役会長
　　東京税理士法人　統括代表社員
　　公認会計士　税理士

　1965年生まれ。愛知県出身。1989年滋賀大学経済学部卒業。1990年青山監査法人　プライスウオーターハウス（現・PwC Japan有限責任監査法人）入所。監査部門、中堅企業経営支援部門にて、主に株式公開コンサルティング業務にかかわる。

　クライアントの真のニーズは「成長をサポートすること」にあるという思いから監査法人での事業の限界を感じ、1998年久野康成公認会計士事務所を設立。営業コンサルティング、IPOコンサルティングを主に行う。

　現在、東京、横浜、名古屋、大阪、インド、中国、香港、タイ、インドネシア、ベトナム、メキシコほか世界26カ国にて経営コンサルティング、人事評価制度設計及び運用サポート、海外子会社設立支援、内部監査支援、連結決算早期化支援、M&Aコンサルティング、研修コンサルティング等幅広い業務を展開。グループ総社員数約360名。

　著書に『できる若者は3年で辞める！伸びる会社はできる人よりネクストリーダーを育てる』『国際ビジネス・海外赴任で成功するための賢者からの三つの教え　今始まる、あなたのヒーローズ・ジャーニー』『もし、かけだしカウンセラーが経営コンサルタントになったら』『あなたの会社を永続させる方法』『海外直接投資の実務シリーズ』『「大きな会社」ではなく「強い会社」を作る　中小企業のための戦略策定ノート』ほか多数。

# お金の戦略

## 創業26年　たった1人で始めた会計事務所が純キャッシュ31億円を貯めた仕組み

2024年4月29日　初版第1刷発行

著　者　　久野　康成
発行所　　TCG出版
発行人　　久野　康成

発売所　　株式会社出版文化社

〈東京カンパニー〉
〒104-0033　東京都中央区新川1-8-8　アクロス新川ビル4階
TEL：03-6822-9200　FAX：03-6822-9202

［埼玉オフィス］　〒363-0001　埼玉県桶川市加納1764-5

〈大阪カンパニー〉
〒532-0011　大阪府大阪市淀川区西中島5-13-9　新大阪MTビル1号館9階
TEL：06-7777-9730（代）　　FAX：06-7777-9737

〈名古屋支社〉
〒456-0016　愛知県名古屋市熱田区五本松町7-30　熱田メディアウイング3階
TEL：052-990-9090（代）　　FAX：052-683-8880

印刷・製本　株式会社シナノパブリッシングプレス

©Yasunari　Kuno　2024　Printed in Japan
Edited by：Yudai Yoshino